江戸　真宗門徒の生と死

大桑　斉
Okuwa Hitoshi

方丈堂出版
Octave

江戸真宗門徒の生と死

目次

第四章　信濃の小林一茶
地獄の上の花見かな――煩悩の俳諧師――　105

〈凡　例〉

一、流みやすさに配慮して、引用史料に以下の変更を加えた。原則として平仮名読み下し文、現代仮名に改め、漢字の一部を仮名に、仮名の一部を漢字に転換し、送り仮名、濁点を付した。和歌や俳句などは音節ごとに一画あけとした。

一、各章の原型となった著者の論文及び関係する研究論文、基本となった史料刊本などは、章末に一括して掲げ、本文中では題名等を示すにとどめた。

序　他者としての真宗

真宗への眼差し

仏の願いの不思議なはたらきによって救われると信じて、念仏を申そうと思い立ったときに、直ちに救いに預かっているのだ、どんな悪人でも、そしてあなたでも、必ず、そのままで救われる、こう宣言したのが浄土真宗という宗派です。救いは我らの力によってではなく、仏のほうから与えられる。我らはそれをいただき、感謝すればいい、それが仏の願いだった、と親鸞が説いています。

もし救いを求めているなら、この教えを聞けば、本当は仰天するはずです。悟りや救いは、血の出るような修行を重ねて初めて到達できるもの。何もせずに、救いは向こうからやってくるなんてことはあり得ない、そんなことを説く宗教はうそくさい、多くの人はそう思います。とくに、東京人、都会人、知識人はそうです。彼らは、一身を賭しての努力によって、都会で立身出世した人間、ないしはその子孫です。何もせずに救われるなんてことは許されない。そんなバカな話はない。それなら何もせずに昼寝をしておればよい。いや、それどころか、悪人でも救われるなら、したい放題に殺し、犯し、盗む。何でもやったらいい、でも、それが宗教か？　そんな宗教で世の中はどうなる！

口には出さないものの、内心で真宗は邪教的に見られてきました。その歴史を見れば、戦国時代には一向一揆という民衆闘争を展開させ、その敗退後は逆賊観という宿業となって江戸という娑婆を迎え、近代といわれる時代を過ごすなかで、邪教観は変わることなく伝えられてきました。いまも同じでしょう。オウム真理教が問題を起こしたときには、一向一揆と同じだという発言もありました。

江戸の娑婆も近代の世界も、忍耐努力によって身を立てる世界です。そんな世界では、真宗は、それを妨げる邪教であり、役に立たたない無用の教えでしかない、このように受け止められて、江戸でも近代でも、真宗は時代の外に置かれてきました。

そこで真宗の側は、親鸞も真宗もそのような極端な教えではない、仮にそのような信仰を持っていたにせよ、それは内心の問題であり、秘められて外に出されることはない、安全な宗教である、と弁明につとめ、あるいはそのように自分で得心して、真宗も娑婆にいることができると思ってきました。真宗と一般世界は特別に区別することもいらない、真宗といえども普通の世界の教えなのだと思うことにしてきたのです。

祭りとしめ縄

子どもの頃の体験です。神社のお祭りが近づくと、子供会が町内にしめ縄を張るのが慣例になっていました。私の生家の真宗の寺にも、しめ縄が張られます。それがどうも気に入らない。小学校五年生ぐらいのときに、勇をふるって、我が家の門口にはしめ縄を張らないでくれと主張しました。聞いてはもらえましたが、どことなく白い眼で見られたという思いが残りました。

寺の境内には子供会の太鼓が置かれて、朝からドンドンとやかましい、これも気にくわない。神社のことなのに、何で寺の境内に置いて叩くのか。両親に抗議しましたが、あいまいな返答しかもらえなかったように記憶しています。お祭りになると、どこか憂鬱だった子どもの頃の他者体験です。真宗の寺の子は、ほかの子どもと違うのだ、という経験です。真宗と一体になろうとすると、それまでの環境が他者になります。逆に、仲間と一緒にお祭りを楽しめば、真宗を他者にしなければなりません。

少し大人になって、歴史を知るようになりました。金沢では、加賀藩を開いた前田利家を祀る尾山神社の祭りは市祭といわれていました。これに反感を持つようになりました。戦後は市祭というのは公称でなくなりましたが、一般的には依然として市祭と呼ばれ、銀行なども休業になり、学校は休みで太鼓行列に駆り出されました。こうした事柄に対して、前田利家は民衆共和国である真宗門徒の一向一揆を滅ぼした進駐軍ではないのか、一向一揆の末裔が、何故に敵の大将を祀る祭りに参加せねばならんのだ、という思いを持ちました。真宗は権力にとって他者であった、という思いです。真宗にコミットすることは、権力を他者とすることになる、このように考えました。

大学院からは金沢を離れて京都に住むようになりました。初めて参加した史跡見学で、大阪の四天王寺へ行ったときの記憶が鮮烈です。折から縁日だったのでしょう、参詣者があふれかえり、お香の煙がもうもうとし、太鼓や鐘の音がにぎやかに響くなかで、熱心に手を合わせる人びと。これが仏教なのか、と驚いたのです。金沢の真宗寺院では思いもよらない風景でした。吉田神社の節分を見に行きました。たくさんのお神酒が奉納され、人びとが熱心にお祈りをしています。あんた本気なの、と問いかけたい気持ちでした。北陸では神社での節分祭はあったのでしょうが、行ったこともなく、参詣に人出があったという記憶もありません。真宗からみれば、最初に申しました祭りとしめ縄と同じく、ご祈禱宗教という他者との出会いなのです。

近代の他者真宗

真宗地帯で育った者は、故郷を出て初めて全く異なる習俗に出遇います。そのときに、都会では、先進地帯では、これが当たり前なのかと思い、知らなかった自分を田舎者と恥じるとき、故郷の真宗は消去されてしまいます。日本列島の内部での、田舎と都会、後進地と先進地、という関係の内でも、真宗は後進地的な他者なのです。小学校で「お正月には凧あげて、コマを回して遊びましょう」という唱歌を教わりますが、雪国に育った私は、正月には雪の中、どこで凧を揚げコマを回すのかと、いぶかった思い出があります。先進地帯表日本の習俗が日本の文化として当たり前にいわれ、後進地は裏日本、雪国としていわば異郷なのです。そうした先進地から、他者と扱われるのが真宗です。先進、ということが近代を意味するなら、真宗は近代の他者ということになります。

でも近代が真宗を他者として扱うかとなると、必ずしもそうではありません。近代教育で、知識として知ることが求められますから、近代が真宗を排除しているわけではありません。親鸞という聖人が出現して、修行は不要でただ念仏のみ、それによって、善人も悪人も必ずそのままで救われると宣言した、それが浄土真宗という宗派である、この教えは全く革命的な意味を持っていた、とも教えられます。知識というレベルを越えて、この教えをまじめに受け止めれば、本当は仰天するはずです。悪人が救われるなどというのは反社会的な教えである、悪人と思っていない者は救われないのか、修行不要などは、人間の努力や向上心という大事な精神を否定するものである、近代人は正直・勤勉をモットーにして自己形成を成してきたのですから、親鸞の教えは邪教ではないのか、と思うのが普通でしょう。そうはいわれませんが、そのような意味から、真宗は近代の他者だったのです。

近代人、その典型としての東京的都会的知識人は、教養として親鸞や真宗をよく知っています。親鸞は、知的思索的に近代人に迎えられましたから、あたかも知識人たちは真宗をよく知っているように思っています。だから、真宗が他者である、というような思惟にはなじみません。私が持ったような違和感を持つことなく、真宗といえども日本文化の一つであるぐらいしか思っていません。一つの日本文化という神話が、心の底に住み着き、他者を排撃していることに気づかないのです。

近現代という時代には、教育による人間形成がいわれます。でも教育は非宗教ですから、知識として真宗が取り上げられても、真宗による人間形成がなされることはありません。そしてまた教育は先進地帯を基準になされますから、裏日本といわれた後進地帯に展開された真宗が着目されることもありません。たとえ教育のなかで仏教が教えられても、それは一つの知識でしかないのです。それ以上に真宗の特質には触れられません。近代教育は、真宗を仏教に、あるいは日本文化に、位置づけることをしませんでした。

教育のことから真宗の他者性を申しましたが、近現代という世界が、そもそも真宗に敵対的です。近代を生み出したのは禁欲の倫理、勤勉力行による人間形成と、その延長線上での世界の近代化という論理でした。しかし真宗は、現世は娑婆、つまり堪忍の世界であり、苦の世界として厭うことから、往生極楽を説きますから、近代的禁欲の倫理を否定するものなのです。近代へ向かう動向のなかでは、真宗は反近代として他者性を顕してくるのです。

真宗の他者性——トポスとしての真宗

それなら、真宗地帯といわれる地域では、真宗は内部であって、外部者、他者ではないのかと問われると、簡単に真宗は内部であるともいえないようです。外部に出ればなおさらですが、真宗地帯の内に住んでいても、実は私自身にとっても、真宗は他者なのです。

それは、実は私自身の問題でした。お正月の凧揚げやコマ回しと同じく、悪人正機という親鸞の教えも真宗も、よそごとでした。悪人救済が信じられるには、自分こそ悪人、救われざる者という自己認識がなければなりません。それなしの親鸞認識は、所詮よそごとなのです。親からどれほど聞かされて育っても、自分は救われざる者という認識に立つには、人生経験を経なければならない、ないしは特定の強烈な契機が必要でしょう。それなしには平凡な青年には、そして普通の生活者には、真宗の教えが血肉となるのは至難のことなのです。つまり、真宗の教えは普通の人間にとって極めて異質です。その意味で、真宗は本来的に他者性においてあるのです。

先に『真宗と他者』（法藏館二〇一〇）という一冊を刊行しまして、そこで他者に三種があることを提起しました。第一はエトランゼです。異邦人、自分以外の存在です。近代世界での真宗はまさにこれです。存在を知ってはいるが、それだけのこと、私と別世界を生きています。二番目には、私を成り立たしめているものとしての他者があります。私は孤独に存在しているようでありながら、万物との関係性において成り立っていますから、万物は私以外の他者であることで私の根拠なのです。その関係性は仏教語では縁起といわれ、人間は縁起存在とされます。真宗という他者は実は私を成り立たせている原理なのです。私とは別存在としての他者と、私の根拠となる他者、この矛盾的な二つの他者があります。この両者を兼ね備えているのが第三の他者としての南無阿弥陀仏です。南無阿弥陀仏は、私を超えて存在しつつ、私の根拠になります。

他者が私の成立根拠であるということは、他者とは私を生み出したもの、これを〈ふるさと〉と呼んでもいいかと思います。〈ふるさと〉は、私を生み出し、生きる意味の場となります。こうした在り方としての〈ふるさと〉を、思想の用語ではトポスといいます。存在根拠としての場を意味し、生きることの意味を紡ぎ出す場、自らの役割を果たす場、ともいわれます。絶対他者の南無阿弥陀仏はトポスなのです。これを失った存在がノマドと呼ばれます。〈ふるさと〉を失い異邦人としてさすらう者、意味の場を失った者、求める者、です。近代人、都会人、知識人とはノマドの謂でしょう。それを生み出したのが近代世界なのです。本論ではトポスやノマドという言葉をほとんど使っていませんが、〈ふるさと〉にはこのような思いを込めています。

他者として生きた江戸の真宗門徒

私自身や世間、時代、知の世界、真宗がこれらの他者であったのなら、いったい何処に、どのようにして、今日まで存続することができたのでしょうか。それを解き明かす一つの手段が、江戸という時代における真宗の在り方を問うことです。「一向宗ノ門徒ハ、弥陀一仏ヲ信ズルコト専ニシテ、他ノ仏神ヲ信ゼズ、如何ナル事アリテモ祈禱ナドスルコト無ク、病苦アリテモ呪術符水ヲ用ヒズ、愚ナル小民婦女、奴婢ノ類マデ皆然リ、コレ親鸞氏ノ教ノ力ナリ」(『聖学問答』)と儒者太宰春台を驚嘆せしめました。しかし他者的在り方を貫いたこのような江戸の真宗門徒の姿は、それほど明らかにされていません。封建教学として権力の治国に協力したというような姿が常識化しています。太宰春台が驚いたように近代の人びとは驚きませんでした。でも真宗門徒は春台が見出したような在り方がむしろ普通だったのです。真宗の優越した地域の大名たちは、真宗門徒という他者の海に浮かんだ小舟なのです。加賀藩の侍の家には、「ねぶつもん」といって子どもを叱る言葉がありまして、昭和初期まで使われたそうですが、念仏者はけしからん者の代名詞にされていたのです。門徒に対する恐怖観念が指摘されています。

江戸の真宗門徒の在り方が明らかになれば、近代に至って親鸞が浮上してくることの意味も改めて問い返されます。封建的真宗を否定する近代教学の形成といわれてきましたが、それが可能になったのは、江戸を通じて伝えられてきた真宗信仰が基盤になっているからでしょう。

江戸の真宗門徒の生と死を見る、という本書の課題は、おおむね以上のような問題なのです。知られざる門徒の有様から、他者真宗が今を生きる課題も見えてきそうです。

第一章　臼杵の慶念

地獄はよそにあるべからず——朝鮮征服戦争への従軍——

はじめに——真宗は朝鮮征服戦争に協力したか——

真宗という教えがあり、その信者として真宗門徒という存在があることは、知られています。でも、その教えを信じた門徒がどのような生き様を見せたかということは、あまり知られておらず、またその真宗門徒の生き様ということは、私と何も関係がないと思えば、そんなことはどうでもいいことなのです。つまり、いまの娑婆においては、真宗や真宗門徒の在りようなどは、どうでもいいことのようです。真宗門徒であっても、真宗門徒としての生き様がどのようなものなのかを知ろうともしない、認識されないのが現実です。

このような現状において、江戸の真宗門徒の生き様を取り上げます。現状が知られていないのですから、江戸のことなど、なおのこと知られていません。真宗の学者も研究者もそうですから、まして真宗門徒の人びとにおいても、江戸の真宗に関しては全く無智、無関心です。説教などで、妙好人と呼ばれた江戸の篤信の門徒が、信心の在り方の事例として語られたこともありましたが、今は昔になりました。

一般の歴史研究者においても、真宗が知られていませんから、真宗は親鸞と一向一揆で終わってしまって、江戸時代の問題として取り上げられることは極めてまれです。一向一揆が戦国の歴史を彩りましたが、敗退して後の江戸時代、当の真宗門徒においては、江戸時代とは何だったのでしょうか。かつて一揆して権力に逆らい、敗れたという歴史が、負荷となった時代だったでしょう。真宗門徒は、その江戸時代をどのように生きたのでしょうか、その生き様は、歴史的に、また真宗にとって、どのような意味を持ったのかを考える、これが全体を貫く趣旨です。

最初に、慶念《きょうねん》という真宗僧侶を取り上げます。多分ご存知ないと思います。長らく埋もれていた真宗僧侶です。時は戦国時代の最末期、太閤秀吉が第二次の朝鮮征服軍を送ったときに、それに強制従軍させられ、その行動を『朝鮮日々記』（以下、『日々記』）という日記に記しました。一九六五年に、秀吉の朝鮮侵略の研究者である内藤雋輔さんによって翻刻紹介されました。『朝鮮学報』（三五輯）という学術誌でしたから、知る人は多くありませんでした。でも注目され、厭戦と信仰告白の書という評価がなされています。その後、一九七五年に、一向一揆研究で有名な藤木久志さんが、『日本の歴史15』（小学館）で取り上げられ、歴史の舞台に登場することになりました。でも、一向一揆や朝鮮征服戦争の研究者以外には、ほとんど名が知られていなかったのです。

たまたま、この真宗僧のことを考えたいと思っていましたときに、戦国期から江戸時代における日本と朝鮮関係史の研究者である仲尾宏さんが、大谷大学に出講されることがあって、仲尾さんとの話のなかから、あらためてこの日記を翻刻し注解する研究会が立ち上がり、検討を重ねた結果を二〇〇〇年に、『朝鮮日々記を読む　真宗僧が見た秀吉の朝鮮侵略』（法藏館）として刊行することができました。今回は、その研究成果によりつつ、慶念という真宗僧を紹介します。

藤木さんの慶念への注目をまず紹介します。慶念という真宗僧を考える問題点が指摘されています。慶念は朝鮮の釜山に到着したときに一向宗の道場に参詣しました。真宗がすでに朝鮮に道場を持っていたのです。藤木さんは、慶念の道場参詣を取り上げ、「一向宗の侵略加担という、めくるめく思いにとらわれた」といいます。「統一権力とまっこうから敵対しつづけた一向一揆」であったのに、真宗僧の慶念は秀吉の権力に随って侵略に加担した、と感じたのです。そしてまた慶念が、異国の戦陣にあって報恩講に参詣できないことを歎き、「王法を守る掟と御座あれば」と記した（十一月一日条）のを、「王法・仏法は車の両輪という教説のみごとな再生」とみなしました。真宗が権力、つまり王法に屈服したというのです。

ここから慶念を論ずる問題点が見えてきます。戦国に一向一揆として武士権力と戦った真宗、それが天下人秀吉に屈服した、その在りようが王法為本という真宗の教説によっているという見方です。

それがやがて到来する江戸の真宗門徒の在り方を規定していった、という見方、これが問題なのです。慶念は屈服したのかどうかが鍵となるでしょう。

戦国期のことながら、真宗と侵略戦争という問題です。慶念を通じて、戦国期・江戸初期の真宗信仰の特質を明らかにすること、それによって、第二章以降の江戸の真宗門徒の生き様を考える基礎を据えることになる、と思っています。

一、慶念とは何者か

慶念とは、どういう人だったのかということから順次見ていきます。慶念の住したのは豊後（大分県）臼杵の市浜の安養寺という真宗寺院で、本願寺派（西派）に属しています。そのお寺に『安養寺荘厳録』という記録がありまして、これが慶念を考える基本史料になります。慶念はこの安養寺の開基、または二世で再興者ともいわれています。『日々記』の表紙に「安養寺住職　慶念　六十二才慶長弐年六月廿四日ヨリ」とあり、十二月十六日条には「わかよはいは六十三なり」とあることから逆算しますと、天文五年（一五三六）生まれであることがわかります。法華宗徒との戦いで焼かれた山科本願寺が大坂に移って五年目でした。

遠州（静岡県）掛川城主安藤某（「帯刀」とも）の次男といわれます。どのような経緯があったかは不明ですが、この安藤氏の次男は出家し、本願寺に入って十一代顕如上人に仕え、蓮如六字名号・証如十字名号を与えられています。その年次は不明ですが、顕如が本願寺を継いだのは天文二十三年（一五五四）ですから、この年に慶念は十八歳で、それ以降に大坂本願寺へ入ったことになります。

その前に入っていたとも考えられます。『日々記』十一月十三日条に「そんしのまえと申ながら三悪はた丶目の前」という記事がありまして、十三日は本願寺十代の証如の命日ですから、この「そんし」は証如を指します。「そんし（尊師）」という呼称は、本願寺の宗主を指す呼び方としては一般的ではなく例外的ですので、慶念にとって尊敬すべき師、つまり出家得度の師ではなかったかと思われます。そうであれば、証如が亡くなる天文二十三年以前に本願寺で得度したことになります。

でも間もなく証如が没して、顕如に仕えることになりました。慶念は顕如に対してなみならぬ思いを持っております。後に詳しく見ることにしますが、とりあえず七月二十四日条に「今日の善知識さま（中略）其御すがた片時も忘れ申候わねば」という言葉があることを挙げておきます。善知識顕如忌日の二十四日には必ず、その姿を偲んで報謝の法要を執り行っております。慶念にはこうした師主、善知識への厚い帰依がありました。

慶念は豊かな文化的教養の持ち主でした。真宗聖教以外に、『源氏物語』『伊勢物語』『土佐日記』『和漢朗詠集』などに通じたことが『日々記』から窺えます。大坂本願寺内では、これらの教養を持った本願寺の一家の人びと、あるいは御堂衆に昵懇したのだろうと思われます。顕如上人から名号を与えられたとありますが、蓮如上人筆の六字名号が安養寺に現存します。証如上人筆の十字名号はありませんが、他に蓮如上人筆正信偈文（本願名号正定業の四句）が残されています。六字名号は寺の本尊として授与されたのでしょうから、これを本尊として慶念は寺を開創する志を持っていたと思われます。

おそらく石山合戦終了の後だと思われますが、慶念は寺建立の志願を持って西国に向かいます。淀川を下る船中で九州臼杵の孫左衛門という人物と乗り合わせ、師檀の約束を致しました。その縁によって臼杵に居住し、領主太田飛驒守一吉の取立で安養寺を建立します。百石寄進を受け、日向耳津正覚寺と本末関係を結んだといわれます。石山開城のときに慶念は四十五歳になっており、妻・老母・子の八郎・孫をつれての移住でした。大坂で家族を形成し、故郷から母を呼び寄せていたのでしょう。

安養寺は日向正覚寺末であり、開基の願西（願正）の後、二十年ほど荒廃していたのを慶念が再興したといわれます。太田一吉の取立なら、太田が豊後大野郡の代官となった文禄二年（一五九三）以後のことです。その前年の文禄元年から朝鮮への出兵が始まっています。文禄初年再興説は、太田一吉の取立をいうのであって、朝鮮侵略以後の開創というのは、遅すぎる感じがします。一方で、安養寺には関白近衛前久が立ち寄ったという伝承があり、前久の九州下向は天正二年（一五七四）のことですから、石山合戦中となってしまい、慶念がこのとき安養寺にあったとはいえないようです。安養寺の開創や慶念の入寺などやや混乱していますが、ともあれ、石山合戦後に本願寺を出て家族を伴って臼杵移住ですから、石山開城からさほど遠くない時期に臼杵の安養寺に入り、そのときに新たに領主となった太田一吉の知遇を受けた、ということでしょう。

二、人質としての従軍

慶長二年（一五九七）六月二十四日、太田一吉の軍船が臼杵を出帆しました。慶念の乗った軍船もこれに従って出帆しました。なぜ慶念が従軍させられたのでしょうか。そのあたりの事情は『日々記』では全くわかりません。慶念自身もわからなかったのでしょうか、『日々記』の序文では、

そもそも、此たび太田飛州さま、高麗へ召しつれらるべきよし承りしかば、さても不思議なる御事かな。この老体は出陣などは夢にさえ知らず、

と、思いもかけない出陣を不思議というだけでした。その後に続けて、

御養生一篇ならば、若き御旁（方々）をもめしつれ候えかしと申上候え共、是非共御供候はではいかがとの御掟（諚）なれば、迷惑無極躰也

といっていますのは、安養寺には医業が伝来されていて、慶念は医術の心得があったようで、医師としての従軍が命ぜられたようです。それならもっと若い人をと辞退したのですが、是非ともにといわ

れて迷惑ながらの従軍だったのです。けれども、実際に従軍中に医師としての活動は極めて少ないのです。八月二十一日条に「方々より薬こい」とあることや、十二月二十二日に蔚山城内で太田一吉の手当てをしたことが見える程度です。

医師としての従軍は名目のみでした。何か他に別の理由があったはずです。諸大名の軍勢にも従軍僧が見え、記録や使僧などの役割を担っていますが、慶念もそのような仕事をしたと考える説もあります（『朝鮮日々記を読む』所収の仲尾宏論文）。役割が何であったにせよ「迷惑無極躰也」といっていますように、半ば強制連行です。真宗は権力に逆らって一揆を起こしたことがあったから、その予防のために、いわば人質として従軍させられたのではないかと思われます。だから慶念にとっては迷惑なことであり、戦いを避けるような厭戦の態度を貫くのは当然でした。ちなみに、迷惑「無極躰」というのは、親鸞聖人の浄土和讃に「虚無之身無極体」とあるのを踏まえていますが、和讃の「無極体」は仏の身体の極まりなき大きさをいう言葉で、ここではそのことに特別な意味があるのではありません。和讃に馴染んでいた真宗僧侶として、思わずその言葉が口に出たのです。真宗が体に染みついているのです。

慶念の従軍は人質だったと思います。征服された真宗門徒を、征服戦争へ動員して忠誠を求めるための人質です。顕如上人の室如春尼にあてた秀吉の仮名消息に、「るすのあいた、しゆらく（聚楽）に門ぜきとうぜん（同前）にざいきやう（在京）のよし、まことにきとく（奇特）なる心入にて候」

という文言がありますが、これなどは如春尼が門跡顕如上人の代わりとして秀吉の京都居城の聚楽第に滞在させられたことを示していまして、これも一種の人質です。また、加賀では征服大名前田氏は、関ケ原合戦・大坂の陣に当たって、真宗の坊主を金沢城内に人質として詰めさせる政策を取っていました。豊後も、一揆こそありませんでしたが秀吉の九州攻めで占領されて直轄領となりましたが、領主大友氏と薩摩の島津氏の攻防戦場となって荒廃し、秀吉の九州攻めで占領されて直轄領となりましたが、極めて不安定な状況で、そこへ太田一吉が新領主として送り込まれました。入部早々の出陣で、不安定な領民の反抗を警戒して、真宗僧侶を人質にしたことが考えられます。

三、戦場の悲惨――「つたなく」と――

慶念を乗せた太田勢の軍船は、対馬を経由して七月七日に朝鮮の釜山に到着しました。十一日に慶念は釜山の真宗道場を訪ねています。このことを藤木久志さんが取り上げたことは先に申しました。釜山の真宗道場というのは、後に肥前唐津に移る高徳寺を指します。同寺の由緒書によれば、天正十三年（一五八五）に本願寺教如上人の弟子浄信が入唐弘法の所願、つまり中国に仏法を弘めようという願いによって釜山に到り、教如から下された本尊を掲げたといわれています。慶念が行った後のことになりますが、慶長三年（一五九八）には教如が宗祖親鸞聖人の御影像を下し、「朝鮮国釜山海高徳寺」の裏書を付しております。この高徳寺は山口の端坊《はしのぼう》の末寺でしたから、慶念は「端坊さまの御下と御物語候」と書いています。

これだけのことなら、藤木久志さんが真宗が侵略に加担したのかと驚いたことがわかりません。そこには、真宗の朝鮮布教は侵略の片棒を担いだものだという考え方が前提にあります。京都にあった端坊という真宗寺院は、戦国期に瀬戸内から西国に教線を展開し、毛利氏と密接な関連を持ち、山口にも端坊が開かれていました。その住持明念《みょうねん》は、文禄元年（一五九二）に小早川隆景の朝鮮出陣に随って渡海し、その取持ちによって釜山に道場を開いたといわれます。右に見た高徳寺の由緒と食い違いがありますが、朝鮮に出兵した小早川隆景が支援しての道場開設というところから、真宗の侵略加担がいわれるのです。真宗の朝鮮開教が、主観的には「入唐弘法」であったにせよ、征服戦争とともに展開したことは事実でしょう。ただし、慶念がそのような事柄を承知していたかどうかはわかりませんし、そのことだけで加担云々をいうのは少々早計です。

慶念は、太田一吉の軍勢の朝鮮内陸への侵攻に行を共にします。蟾津江《ソムジンガン》を越え、要衝の南原《ナモン》攻略の戦いに臨みました。そこで日本軍の略奪、放火、虐殺という戦場の悲惨を目の当たりにすることになりました。

八月四日「我も人もおとらじまけじとて物をとり人をころし、うばいあえる躰」

同五日「家〳〵を焼きたて」、「やけてたつ、けぶりはくろく、のぼるはほむらとぞ見る」

同六日「皆々やきたて、人をうちきり、くさり竹の筒にて首をしばり」
同八日「子供をからめとり、おやをばうちきり」
同十六日「男女残りなくうちすて、いけ取るものはなし」
同十八日「死人いさごのごとし」

戦場は、戦いというより略奪、放火、虐殺の巷でした。慶念は、「なか〳〵目もあてられぬ気色」（四日・十八日）、「あわれ成る躰」（六日）、「さながら獄卒のせめ成り」（八日）、「むざんやな」（十六日）というように、地獄の責苦の無惨との思いを記しています。

略奪や虐殺は何故起こるのでしょうか。朝鮮「侵略」といいました。このようにいうのが一般的ですが、「侵略」というのは他国の領土を侵す、という意味です。朝鮮領土を侵しているのですから「侵略」なのですが、それよりも「征服」戦争というべきだと思っています。「征服」というと、領土よりも民族を従えるとの意味合いが強くなります。異民族という私と無関係な他者であれば、従わねば殺します。虐殺が当然になります。戦国大名間の戦いでは、百姓を殺せば、大名は存立基盤の土地を耕す百姓を失うことになりますから、虐殺は本来ありえないことです。その点では、一向一揆の虐殺は戦国の合戦からすれば異様なのです。

征服戦争では人間を従えることが目的になります。人間を従えることは、その財を収奪することですから、略奪が目的になります。朝鮮出兵は、侵略よりは征服戦争であることで、国内の合戦と異なります。近代での戦争は、またこれらと異なって、国家の従属を目指しますから、その手段として虐殺や略奪があったにしても、それが目的ではありません。近代日本の軍隊、それは皇軍と称して天皇の神聖性を知らしめる軍隊でしたから、国家の服属よりは人間の支配を目指したところに特異性があり、それが虐殺をもたらしたと考えます。

元へ戻ります。慶念は、さながら地獄と戦場の悲惨を記しましたが、それは同時に、自分の問題であると受け止めています。焼き立てて立ち上る煙を見て「ほむらとぞ見る」（四日）といいましたのは、ほむら、すなわち炎なのですが、それを我が心中に燃え上がる欲望と捉えているのです。略奪を見て自分も欲しく思い、「わか心ながらつたなく」「心すまざるもうねんの身や」（七日）と歌に詠みます。そして、「かやうにては往生もいかゞとおも「罪業深重もおもからず、さんらんほういつもすてられぬ御ちかい」い」と思い至り、「弥陀のちかいをたのまずば此悪心はだれかすくはん」（七日）と詠むのです。罪悪の我が身を思い、その悪人を捨てることなく救い取る弥陀の本願にすがるしかないと思い定めます。

ここに見られる慶念の心情は、略奪や虐殺に加わろうとする心が「つたなく」、情けない、残念である、という思いで、それを「妄念」ともいっていますが、略奪や虐殺そのことが残念なのではなく、それに加わろうとする心が残念、と観念していることが特徴的です。略奪や虐殺を認める心が残念、という心情です。どこまでも自分の、あるいは自分の心の問題として、略奪や虐殺を認める心の罪業性、その自覚なのです。そこから往生不定と懺悔します。機の深信《じんしん》といわれる罪業の自覚です。そこから弥陀の誓いをたのむ、これを法の深信《じんしん》といい、このような機と法の二種の深信の信心なのです。

二種深信という真宗信仰は、慶念の信仰であり、戦国期真宗信仰の在り方です。蓮如教学です。ただし『日々記』には、蓮如の名は全く見えません。御文の引用もありません。蓮如・御文という固有名詞は出ないのですが、内容は蓮如の説いた二種深信です。蓮如の土着化といってもいいかもしれません。慶念は戦場の悲惨に出合って、身に着いている真宗の教えによって受け止めようとしています。ある一定の情況に置かれたときに、内部に蓄えられた真宗がはたらき出すのです。

それによって、すべてを自分の心と救いの問題と受け止めます。そうなると略奪や虐殺そのものは、「うき世のならい」（八月十六日）、「有為転変のならいなれば、無常の煙」（同十七日）、「めもあてられぬ気色」（同十八日）とそっけなく退けられてしまいます。ほむら・修羅といいながら、ほむら・修羅を外部性、つまり自分以外の情況としてしか受け止めなくなります。五濁悪世、それに同調する心が「つたない」のです。心の問題としてしまう、それが我が心にあることを歎く、こういう信心になったのです。

略奪や虐殺という罪悪は外部にある、情況としての罪業、五濁悪世です。それはそれ自体として悪なのですが、それに同調する我が心の問題として受け止めます。そのような心が「つたない」と、外部の罪業には関わらないで、心の問題としてしまうところに、真宗信仰の危険な陥穽があります。

四、「あさまし」と善知識信仰

ここでは、心が「つたなく」という言葉を使っていますが、やがてこれに代わって「あさまし」という言葉が登場してきます。南原の悲惨な戦場を経験したとき、慶念は望郷の念に捉われます。悲惨な現実の彼方に故郷が浮かび上がってきたのです。二十日に京よりの使者がやってきたのは「引陣の談合」だった、つまり撤退のことが相談されたという噂を聞いたからでしょうか、二十二日には故郷の夢を見ます。

　ふる里の人、あるいは旧妻、そのありさまをこまごまと夢にみつるなり。いかさま今一たびは帰朝せんと思う一念により

このような夢を見たのは、帰ろうと思う一念からだと記しました。翌二十三日は、師と仰ぐ顕如上人命日のお逮夜です。

　国にあらんには報恩の御いとなみ申候わん物を、情けなくかようの所にてあさましくてと、ここで「あさましくて」という述懐がなされます。先の「つたなく」と似ていますが、それが罪業観につながったのに対して、この「あさまし」は、報恩の営みができないという状況が情けないという意味です。そこで「あさまし」の向こうに、なつかしくもうれしい故郷が見えてきました。それ

と共に、顕如上人命日の二十四日には、

此小屋の下にては、いかがとなげき申計也。さりながらも信決定のうえなれば、内心のよろこび也

と、「あさまし」の境遇にありながらも信心を決定できたことに喜びを見出します。そして二十六日には、

かようにうらめしき旅なりとも、都に参り候わんは、うれしかるべき也

此うきを　みやこのたびと　おもいなば　さこそうれしく　かぎりあらじな

と、「あさましく」「うらめしき」従軍の旅が、信心決定して、都＝浄土へ向かう旅に転換されたのです。「あさまし」の現状に故郷が対置され、故郷が次には浄土に転換され、帰国願望は浄土への旅になった、と見てもよいでしょう。こうして慶念は、一旦は自身を納得させることができました。これもまた真宗信仰の陥りやすい陥穽です。情況が悪と認識されたとき、それを心の問題に転換し、彼方に浄土を置いて信心決定、浄土往生決定と喜び報謝とする、そこでは現実は棚上げになってしまうのです。

慶念には強烈な善知識信仰が窺えるのですが、これがまた慶念を支えることになりました。日本軍は南原を攻略してさらに北上して戦いを続けますが、九月には勢いを失い、東へ転じて半島横断、慶《キョン》州《ジュ》から蔚山《ウルサン》へと撤退します。十月八日に蔚山に到着して慶念は、これで帰国できると喜び、また故郷

からの手紙が届いて嬉しさに夜も寝られぬ有様でした。けれどもなかなか帰国命令が出ません。ひたすら歎くばかりでした。そうした内に証如上人の命日の十三日を迎えました。

かたじけなくも御名号さまをくびにかけまわり、いとど手むさく有けるに、おそれがましくおもいまいらせ候へ共、広大の御じひにて候へば、

清からぬ　身にそいたまう御すがた　すえの世かけて　たのみあるかな

このように記して、善知識証如上人の名号を首に掛けて、証如上人が身に寄り添ってくれている姿を頼みにしていると告白しています。それが名号を首に掛けるという行為となっています。実は先の九月十三日にも同じように、

かたじけなくも前住さまの御明日なり。殊更に御名号御筆をくびにかけまわり申候

と書いています。名号を首に掛けまわるというのは異常です。古くは本願寺三代覚如の『最須敬重絵詞』に描かれた、義絶された親鸞の長男善鸞の姿にこれが見られます。

聖人よりたまわられける無碍光如来の名号の、いつも身をはなたれぬを頸にかけ、馬上にても他事なく念仏せられけり

これは明らかに異端の姿として記されたものです。しかるに石山合戦期には、こうしたことが善知識の名によって行われたことがあったようです。『蓮茎一糸』という長門の真宗僧が著した一書に、顕如上人が毛利氏の家臣三上豊後宛に、石山合戦での加勢の御礼に「開山自筆首掛之名号」を送った

ことが記されています。それ以上のことはわからないのですが、『石山退去録』という江戸時代に書かれた石山合戦戦記には、「聖人ノ御真筆、帰命尽十方無礙光如来ノ御名号」を「現当二世ノ守リ本尊」として首に掛けて戦ったという記事があります。

名号を守り本尊として首に掛けて戦うということは、武将が守り本尊として名号や仏像を兜に込めたとかいうような話が伝えられていますから、ありそうなことに思えます。しかし、名号を守り本尊にするのは真宗としては名号を護符化する異端の信仰です。慶念の場合は、あくまでも善知識への報謝なのですが、「身にそいたまふ御すがた」などというのを見れば、やはり守り本尊的です。善知識へのご恩報謝は、このように異端的になりうる要素を秘めています。

善知識への信仰は、善知識の仰せをいただくことで救われるという心情を伴います。ところが、善知識の仰せを失念するという事態が起こりました。十月十六日には、

夜もすがら御定をあんじ出しつづけ侍れども、凡夫心にて候えば、しつねんのみにて侍りければ、あさましくおろかなるかなや。いかでか此ぶんにては往生のそくわいをとげ候まじきとおもいまいらせて、

十七日には、

もし〳〵此他力の御おしえにもれ申ならば、のちのよはまよひこそせめと、うちなげくまもなくて也

ありかたき　おしへにもるる　物ならは　すえの闇路は　まよいこそせめ

このように、善知識の教えを失念するようでは、その教へに漏れて往生はできず、末は闇路に迷うことになると歎くのです。ここでも「あさまし」という言葉が出ます。それは善知識の仰せを失念して救いに洩れ往生できない、これを「あさまし」といっているのです。先の、情況を「あさまし」というのとは随分意味合いが異なります。「あさまし」は罪業観でもなく、情況認識でもなく、救済から除かれる恐怖です。当初の「つたない」が、略奪や虐殺を認める心の罪業性とその自覚でしたが、それが報恩の営みができないという「あさまし」、情況が情けないという意味に転化し、心がゆらぎ、ひたすら善知識にすがる信心となり、さらにその救いに漏れるのではないかという「あさまし」になったのです。

苦難のなかでの救いとして、善知識という形ある救済者にすがるしかあり得ない心情です。慶念は、かつての石山合戦を想起したのではないでしょうか、城壁に顕如上人が姿を現すと、敵方の門徒兵は槍を伏せて合掌したといわれます。そのような善知識崇拝、それが慶念によみがえってきているのです。

詳細は略しますが、十一月二十一日から七日間勤めた報恩講では、強烈な善知識崇拝が表明されています。報恩講は如来と宗祖への報謝の営みですが、慶念は日を追って、釈迦・弥陀から七祖と次第相承の善知識への報恩行として勤めています。

五、王法と侍と天下さま

蔚山では、十一月十二日から築城の縄張りが始まり、籠城準備に入りました。慶念の主君、太田一吉が普請奉行を勤めました。十一月は「開山の御しょうつき」です。故郷に帰って同行と御よろこびをと念願するばかりですが、到底かないそうにもありません。

（霜月一日）くれぐれ此御仏事にはあい申すまじき事よ。くちおしき次第也。さりながら、わが身はままならず、王法を守るおきてと御座あれば、なげきながらも、さてやみ申し侍る也

王法を守らねばならない身を歎きます。そして歎きながら、「さてやみ申し侍る」というのは、御仏事に遇えない情況を作り出した王法を守らねばならない、とあきらめたということでしょうが、まさしくこれが「あさましい」情況なのです。この日以降に、故郷を思う記述が続出するのですが、願いのかなわぬ現実の歎きを、ひたすら故郷を思うことでまぎらわして過ごしたことを示しています。

一方、蔚山の築城は、これまた悲惨な状況を生み出しました。

（十一月十二日）さてもてつほう・のぼりの衆・かち・ほろ・船子・人足にいたるまでも、きりをはらいて山へのぼりて材木をとり、夕にはほしをいただきてかえり、油断すればはやませられ、又てきにくびをきられ、さしてもなきとがなれ共、百姓のかなし（さ脱カ）は、事をさうによせて、くび

をきりてつじ《（辻）》にたてらるるも侍る也。

さしもげに　夜白きらはず　つかへつつ　うちさいなむは　鬼神かそも

築城には侍衆のみならず船子・人足が動員されました。油断すると「やませられ」というのは平手打ちを食わせることです。味方に打擲され、さらには敵に襲われて首を切られます。「百姓のかなしさ」と慶念は歎きました。打ちさいなむ者は鬼神と批判します。

（十一月十三日）三悪道はただ目のまえにありけんや。とにかくあやまりの有る物こそ、ろうにおし入、水をのませ、くびかねにてくくりしばり、やきかねをあて候事は、此うき世に殊更御座候。あひかまえて油断ならば、のちの世はかようのおそろしきせめにあわんずらんとおもひとるべき也。

そのような有様はまさしく地獄・餓鬼・畜生という三悪道が現前した如くでした。誤りありとして牢に入れ首枷をはめ、焼き金を当てるという刑罰を与えるのです。これを見た慶念は、信心に油断すれば、自分も後の世にこのような責苦にあうと戦慄したのです。現実の地獄の有様を自分の後生の問題と受け取る慶念です。

（十一月十四日）侍をはじめて物をほしがり、むりに人の財宝をうばいとらんとのたくみよりほかは、子細はさら〳〵なかりしなり。

侍の　あすをしらずと　のたまへど　とんよくしんの　ぐちははなれず

百姓を責め立てる侍は、人の財宝を奪い取る貪欲心の固まりだと批判します。地獄のような現実を生み出し、「百姓のかなしさ」に追い込んだのは侍だという批判です。ただし侍そのものへの批判ではなく、貪欲心に原因を求めていきます。

また二十日には、荷物を運ばせて殺してしまうことが書かれています。多分、強制連行された朝鮮の民衆ではないでしょうか。

なかにも殊におそろしきは、船戸よりも奥陣ことごとくおもき荷物をほうらいのようにとりつけて、引めくり来て、よう〳〵と本の陣所につきければ、いも牛はいらざる物よといいて、さてうちころし、かわをはぎ、食物とする事は、ただちく生道にてはあらずやとおもい侍るばかり也。

おもき荷をおわせまわりて、ころさるる、よその見る目もうしとおもえば

世の中の　因果はうしの　小車の　めぐりて来りて　ここでしするは

かやうにいろ〳〵あさましきあり様、ただただ人界のさほうとおそろしく。つなたなき物はなかりしと也

南原では略奪、虐殺という悲惨でしたが、今度は味方の武士による百姓の虐待、虐殺という現実に遭遇し、まさに畜生道、憂きことと歎きます。何の因果でここで死ぬことになったのだろうか、これが人間世界の定めと、恐ろしく情けなく思うばかりである、といいます。このような「百姓のかなしさ」は、石山合戦、一向一揆敗北による侍の百姓征服、奴隷的虐待、それは人間世界の定め、と諦め

ているかのようです。

先に慶念には、外部情況の悪を貪欲心という心の問題に転化する思考があると申しました。虐待、虐殺を人間世界の定めというところには、そうした事柄は貪欲という心から起こるという考えが根底になっています。そういう貪欲心の者は救われざる存在であるという深い歎き、そして、そうであるが故に、弥陀はその者を救わねばならないと本願を建て、必ず救うと誓ったのですから、必ず救われるという確信、これがなければなりません。慶念の信心はこの点がやや弱いようで、真宗信仰としては十分ではないように思われます。

でも、百姓を哀れと思う心において、自分もまたそうだという共感があります。百姓も朝鮮の民衆も、地獄の責苦を負わされる者という認識です。これが重要な意味合いを持っているのです。これが江戸の真宗門徒の原点になると考えています。

この共感の視点から、侍のみならず日本人の人買い商人にも批判が向けられます。十九日の記事に、日本よりもよろづあき人もきたりしなかに、人あきないせる物来り、奥陣よりあとにつきあるき、男女老若かい取て、なわにてくびをくくりあつめ、さきえおいたて、あゆみ候はねばあとよりつえにておつたて、うちはしらかすの有様は、さながらあぼうらせつの罪人をせめるもかくやとおもい侍る。

身のわさは　すける心に　よりぬれど　よろづあきなう　人のあつまり

買い取った老若男女を縄に括り追い立てる有様は、地獄の獄卒である阿防羅刹《あぼうらせつ》が罪人を責め立てるようだと記しました。人買いという生業は、それを「すける心」、好む心で成り立っているというのですから、地獄のような有様は、人間の欲望心から生まれているというのです。

こうしたところに、十七日に、望郷の念に駆られていた慶念は、聞き込んだ帰国の噂に狂喜しました。

天下さまより御朱印のおもむきは、帰朝の日よりをよく〳〵しらべ、人夫一人もとりのこし候はぬように念を入候て、船をのり候えとの、おほつかはし候事なり。さても〳〵もかたじけなき御定とて諸人よろこび候也。

国々の　百姓どもを　大こうの　おぼしめさるる　御朱印ぞかし

天下さま、太閤秀吉が帰朝を伝え、人夫一人も残さずに乗船させよと命じたというのです。慶念は「さてもさてもかたじけなき」仰せである、太閤は「国々の百姓ども」を憐れんで下されたと感激したのです。そこで続けて、

かくのごとくこそ百姓をばふびんにおぼしめし候に、うちさいなみ、かつえほうだいに、扶持かたはしかじかともたまわず、山においやりすて物には、いかがなさけなき事と見えまいらせ候也

大こうに　おもいたまいし　百姓を　すて物にする　つらき心や

と、百姓を不愍と思う太閤、百姓を捨て者にする侍を対置しています。藤木久志さんは、これを「太

閤幻想に絡め取られた」とみなしました。百姓から成りあがった太閤の世は「弥勒の世なりけり」、未来に現れて人びとを救い取る弥勒菩薩の世が到来したのだと詠われることがありました。これが太閤幻想なのですが、慶念もまたこれに絡め取られたのです。慶念に強い善知識崇拝があると見てきましたが、これが太閤幻想の下敷きになっていると考えられます。人びとを救い取る絶対者という信仰において、両者は同じなのです。地獄の如き現実に対面したとき、こうした救済者への願望が強化されることは見やすいでしょう。

しかるにこの帰朝命令は誤報だったようです。朝鮮と明の連合軍の来攻に備えて、蔚山城では築城工事が進められていきます。

六、蔚山籠城戦――往生の覚悟と厭戦――

報恩講を済ませて、冬を迎えました。氷つく川を見ながら慶念は望郷の思いをますます強くします。一方で、山で労役の人びとに「さてさてもいたわしき」（十二月五日）、人足、馬引きの人びとに「さこそくるしく」（六日）と同情を投げかけます。生きながらえて故郷に帰りたいとばかり願っている自分が「わが身ながらあさましく」（十一日）思われ、「此うらみだれにいわんかたもなし、ただわがなしたる先世の報い」（十四日）と前世因果と思い至ります。不条理な苦難の境遇を何とか納得させせようとしているのです。

それでも納得できません。そこで、

打ちかえしておもうようは、いにしえも日本の智者たちの天竺にわたりたまいて仏法をつたえたまいしも、此通道をこそふみとをりたまいつらんなれば（十五日）

と、この苦難の道は仏法伝来の道をたどっていることだと意味化しようとします。先に「恨めしき旅」を、「都の旅」と転換したことと同じ方法です。そうなると征服戦争を天竺への道と受け止めることになりますが、そのように思ったのは、京都東山大仏殿に勧請された善光寺如来は、インド・中国から伝来した如来で、その道筋（仏法東漸）を逆にたどって、東アジアに仏法を再興するというキャンペーンがなされたことと関わっているようです。不条理な苦難を納得しようとすれば、イデオロギーに絡め取られます。

二十二日になりました。明軍四万の来襲で完全に包囲され、籠城軍一万は窮地に陥ります。太田一吉も傷を負いました。二十三日の総攻撃に慶念は、

今日はおたいやなれば、うれ敷もよき日にめぐりあい申候て、もし唐人城をせめくづしたらば、めでたく往生とげ候はんと、夜もすがらよろこびの心底、（中略）ここぞ往生の庭よ、（中略）往生をとげ申したらば、神通自在に身を変じ、大快楽をうけて、心のままにいかなる所へもかけ候はんと、（中略）いまや〳〵と往生をまち申すばかり

と、死を覚悟し、それを往生と意味化し、しかも善知識のお逮夜にと、喜びました。善知識の下での死を往生として喜ぶ心情です。しかも、往生によって神通自在になって、故郷への帰還がかなうと思うのです。この思いがますます強まります。二十四日には「必定明日は落城候わん」と覚悟し、「うれしくも今日はことさら善知識の御命日に往生」と前日の思いを確かめます。二十七日、水も食料もなくなりました。「御開山さま御命日」、「爰こそ往生の所」と一すじに念仏するだけです。慶念には、戦闘に加わる気は全くありません。

　何とか持ちこたえて、年が明けて正月二日、加藤清正の救援軍が姿を現し、和談が協議されましたが、破談となって、四日にはまたもや明軍が総攻撃をかけました。しかし五日には明軍が撤退し、待望の乗船命令が出て、八日には加藤清正の西生《セッカイ》海城に着くことができたのです。九死に一生の危機を逃れて、慶念は籠城中の思いを振り返りました。

　いきてもかいなし、ただとにかく往生をとげ、此くるしみをのがれむ物をと、ゆえもなき仏祖をうらみ、ねかう心のあやまりかなとぞんじ申し候へ共、

と、ただ往生と願ったのは、苦しみを逃れたい一心であった、それは誤りであったと考えたのです。ここに慶念の信仰の強靭さがあると思います。九日には、

　あらあさましや、わが身ながらもおろかなる心中かな。（中略）

　　照らんを　恥たてまつる　心なく　歎く涙の　はてしなきかな（中略）

貪欲も　しんいもぐちも　なにならず　南無阿みた仏を　たえずとなえば

と記しました。「照覧を恥じる心」とは、弥陀が救いの光明となって私を照らし出している、弥陀の慈悲に包まれてある我が身ながら、そこに思いが至らなかったと恥じたのです。そのように気がつけば、貪欲心を持つこの身が、そのままで救われている、南無阿弥陀仏と念仏するところに、弥陀からの救済、往生が定められている、ただそれに任せればいいのだ、という信心、つまり仏の方からの救済という、法の深信の境地へ回帰したのです。

さてもさてもよろづにつけても御慈悲のきはまり、有難く存じ奉り、身のおきどころもなく、過分至極やな。さても此御すすめにあいたてまつらずば、いかでかすえのやみぢはまよいまいらすべきに、（中略）

もう念を　我とはいかで　払うべき　大慈大悲の　利益ならでは

と、弥陀の大悲に包まれた心境を述べています。恥ずかしくも身の置き所のない妄念の身が、大慈大悲によって救い取られたという告白です。現実逃避の往生願望から、あさましの我が身という深信、そこにこそ弥陀の救いがあるという大悲の深信へと回帰しえたのです。悲惨なあさましき現実、それは我の貪欲心の現れであるが、そこから遁れようとして往生を願うのではなく、その現実を我が身に引き受けて生きようという信心です。

七、慶念の信仰の特質

慶念が注目されたのは、一つには征服戦争に従軍させられながら、徹底して戦闘に関与せず、ひたすら戦いを厭う態度を貫いたことにありました。それが反戦とも非戦とも厭戦とも評価されました。戦いを否定する反戦や非戦よりも厭戦と見るべきと思います。略奪や虐殺の現実に直面して、それが己の心でもあると自覚する、情況を自己の心の表出と見て、〈あさまし〉は情況であると共に自己であるとみなします。そこで「あさまし」の情況を心の問題に転換する現実逃避的な関わりで始まりました。厭戦であって反・非戦ではなかったのです。

しかし「あさまし」き情況も自己であるとみれば、そこからの逃避は許されませんから、ひたすら善知識へすがる信仰となります。しかしさらに、善知識の仰に背けば地獄との恐怖に捉われ、善知識への報謝に努めることになったのです。それによって、恨めしき旅から都としての浄土への旅へ、あるいは天竺への道と転換を図ります。

その一方で、苦しめられる百姓への共感が共苦となります。他者への眼差し、これによって侍批判がうまれました。厭戦よりも、これが評価すべき点ではないでしょうか。百姓を征服し、異国をも支配しようとする武士という存在は、百姓にとってどこまでも他者です。逆に武士から見れば、百姓は征服さるべき他者なのです。百姓と同じ立場に慶念という真宗念仏者はいました。真宗門徒と武士は他者関係にあるのです。でも、善知識信仰と同じレベルで天下さま幻想に捉えられたのです。
　それは幻想に終わり、絶望的情況が到来すると、ひたすら往生を願うしかなくなりました。そして情況から救出されたとき、往生を願うことも逃避であったと気づきます。ここに慶念の真骨頂があり、そこから本願を頼むという本来的信心に回帰することができたのです。何故それができたのかは何も記事がありません。ただただ大悲のなかに、弥陀からの促しによるとしかいいようがありません。機深信が他者との共苦によって法の深信へと展開したのでした。

史料と研究

『朝鮮日々記』
　朝鮮日々記研究会編『朝鮮日々記を読む　真宗僧が見た秀吉の朝鮮侵略』法藏館、二〇〇〇

研究

大桑斉「善知識と「あさまし」の思想」（同右書所収）

第二章　加賀の任誓

ただ不思議と信ずるばかり――獄死した篤信者――

はじめに――門徒の海に浮んだ大名――

第一章では、臼杵の安養寺慶念の日記を取り上げて、侵略戦争に駆り出された真宗僧侶が悲惨な状況に直面するなかで、百姓の悲しさと、民衆と共苦（共業）することで、逃避的信心の誤りに気づいていくことを申しました。

この章では、江戸という時代になって、そこで生まれた信心が、藩権力によって危険な思想として弾圧され、宗門もまたそれを邪義と批判したという問題を取り上げます。真宗信仰が権力にとって危険とされたとき、宗門もそれに同調して、危険視されるような信仰を異端として排除したのです。

特定の権力が特定の真宗信仰を排斥した、というだけではなく、一向一揆に敗れた本願寺教団と真宗門徒は、江戸では「釈賊」という汚名を背負った存在だったのです。かつて釈尊に名を借りた賊徒であって、今も反逆の可能性がなくなったわけではない、と警戒されたのです。一揆の舞台となった加賀（石川県）、そこに領主として入部しましたのが大名前田家ですが、真宗門徒ではなく、家臣たちにも真宗門徒は極めて少なかったことから、彼らは真宗門徒の海に浮かんだ船のような存在となりました。真宗への強い警戒を持っていました。藩政期を通じて、真宗門徒はとくに反逆的な行動をとったこともなく、百姓一揆なども少なく、むしろ忠実な領民でした。それなのに、警戒され続けたのは、領主前田家にとって、また真宗門徒ではなかった家臣の侍たちにとって、真宗門徒は他者だったからです。

一、江戸の真宗観

1、大名・前田利常―『御夜話集』―

前田家の第三代を継いだ前田利常の言葉に、江戸の大名たちが真宗をどのように見ていたかを伺うことができます。利常は、加賀藩祖利家の四男で兄利長の養子になって、慶長十五年（一六一〇）に三代目となった大名で、徳川二代将軍秀忠の娘を室に迎えていました。それでも謀反の疑いを晴らすのに苦労しました。寛永十六年（一六三九）には隠居して子の光高に譲りますが若死にし、後継ぎの孫の綱紀が若年だったために後見となって再び藩政を取り仕切り、改作法という名高い農政改革を成し遂げ、名君とうたわれた大名です。その利常の言葉を記録した『御夜話集』（石川県図書館協会刊）が残されています。そこにいくつかの真宗観が見出されます。読みやすいように少し手を入れて紹介します。

この三ケ国は一揆国にて候。信長の時分、一向宗の門跡、信長に敵対し、北国の一揆発こり候。信長より所々にそれぞれ縮の城主を指し置かれ候。加賀・越中は別て百姓心だて悪しく、国主も手ごわり申候。（中略）横着者・手ごわり候者をば、首を刎ね、はりつけに申し付け、厳しく仕置仕り候て、次第によろしく成り申し候。その後は気遣い仕る程の事はこれなく候。然れども油断は成り申さず候。

加賀は一揆国であって信長に敵対したので、取り締まりのために城主を置いたが、百姓たちは心だてが悪く、領主になった前田家もその支配にてこずった、首を刎ね、磔にするという厳しい弾圧で、ようやく収まったが、まだまだ油断はならない、このようにいわれています。真宗門徒百姓、イコール一揆という強い警戒心が窺えます。

ところが次の言葉では大分に様子が変わってきます。

一向宗は土民の宗旨には一段よろしく候。色々の六かしき事申し聞せ候ては合点仕らず候。かようの者には手短に教え候がよろしく候。惣て親鸞上人は利発成る人にて候。毎日の御坊参り、夜の内より参詣し、朝の内に仕舞候て、人々のかせぎに取り懸り申候。晩もかせぎ仕舞、夕方御坊参り仕り候。此方の分国は大形一向宗にて候。門跡も国守へは背かざる様に仕らる体に候由、御意なられ候処、左門・久越、御意の通りに御座候、久越御請には、南無阿弥陀仏と申し候えば仏にまかり成候と存じ候。是が実の一向宗にて御座候由、申上候。

利常が家来の品川左門・中村久越と交わした会話です。利常が、一向宗は、手短に教えを説くから士民の教えとして好都合だ、親鸞は利口な人で、御坊参りなどが稼ぎの邪魔にならないように朝晩に勤めせるように教えた、本願寺の門跡も国主に背かぬようにしている、と述べると、家来たちも、その通りです、ただ念仏すれば仏になるというのが一向宗だと応答しています。真宗への警戒が逆転して、支配に好都合な信仰だとみなされているのです。

その理由が、門徒たちの本願寺門跡への生き仏的な信仰に求められます。

或時江戸へ上通お越遊ばされ候時、関ケ原にて道脇にて人多これあり候をご覧遊ばされ、あれは何事にて候やと、（中略）東御門跡御通りと承り、拝みに近郷よりまかり出申し候。其段申し上げ候えば、ご機嫌悪しく、こじき坊主めを何拝み申すべき候やと御意にて、明日熱田御通り遊ばされ候節、又昨日の通人多まかり出申すをご覧成られ、（中略）是も門跡御通りを拝みに出申すに付、其段申し上げ候えば、さてさて誰も成まい、生仏とは門跡の御事と仰せられ候。

本願寺門跡への絶大な信仰を見せつけられて、「さてさて誰も成まい」、他に例のないと感歎しているのです。その本願寺門跡が国主に背かないようにと命じているから、大名の支配が安泰なのだと悟ったのです。そこで次のような問答になりました。

伊藤内膳検地奉行致し候節、在々に一向宗これ有り、寺地下されまかり在り候。是等お取上、地子に仰せ付けられ候えば、大分のお銀上り申すべしと申し上げ候えば、内膳合点せぬか、国の仕置き大方門跡より致され、我等仕置は少分の事、一向宗が重宝々々と御意候由。

門徒を従え実質的に支配しているのは本願寺門跡なのだ、寺の土地に課税したところで何ほどのものでもない、それ以上に、寺を保護したほうが得策だという認識なのです。門跡さえ恭順ならば、前章に見ました安養寺慶念のように、そして利常が門跡の行列を拝みに出る門徒を見て思ったように、善知識を信仰する門徒たちは武士の支配を受け入れて支配が安泰になると、一向一揆のなかで生まれた善知識信仰を支配に利用したのです。領主は年貢取立のために百姓成り立ちを保証する撫民仁政を行う者という思想、実はそれは一揆と戦った武士たちが百姓支配のために生み出したイデオロギーなのですが、それが有効に機能していたのです。

2、門　徒—『寝覚の蛍』—

それでは、真宗門徒自身はどうだったのでしょうか。支配に恭順していたのでしょうか。『寝覚の蛍』（石川県図書館協会刊）という書物は、加賀の南部の小松地方の出来事の見聞録で、江戸時代も深まった文化十五年（一八一八）頃にできた本です。著者の夏炉庵耒首《かろあんこうしゅ》は筆名で、本名などはわかっておりませんが、この地方の知識人の一人です。彼の知人であった朝日村の八郎兵衛という真宗門徒の百姓の話が見えています。八郎兵衛は二十歳頃から本願寺報恩講に参詣すること生涯に一度も怠らなかったという熱心な信心者でしたが、養子を追い出すこと四度など、何かと問題を起こすので役人より咎めを受けていたのです。そこである日のことです、

或日、予、八郎兵衛に問う、上人御戒に王法を以って本とすべしといふ事あり、汝知れりや。八郎兵衛答て知れりと。予云、（中略）御高を預る百姓の身として農業を捨、猥りにあたまをすり、仏法に事寄せて他国他領をかけ廻り、あまつさえ禁戒を犯し、一度ならず三度四度御上の咎め蒙り、村の難題となる。（中略）皆王法を重しとする事、然るに王法を知るとは何の事ぞやと責ければ、八郎兵衛云、左様の悪人を御助けが他力の本願なり。夫を守りて往生せんとおもうは自力と申て、御宗旨の御いましめなり。（中略）罪を犯し政道を破るとも八郎兵衛は一宗の本意か。

王法為本を守れない悪人、それを助ける本願であり、王法を守っての往生ではないという八郎兵衛に対して、著者は「一宗の本意」を見ています。領主側は門跡の教えによって門徒は支配に恭順しているというが、門徒自身は王法を守ることは二の次で、信心こそ問題なのだという自覚を持っていました。王法為本は面従背腹なのです。

江戸という封建社会は、領主による百姓支配の世界ですが、支配は〈限る〉ことによって成り立ちます。真宗では十方衆生、一切衆生といわれて、〈限ることがない〉原理で成り立ちます。その十方衆生を、領主が支配する領民として、他の領主が支配する領民と区別して編成する、しかも身分制によって上下に区分する、この〈限る〉原理によって成り立っている領民、これを支配するのが王法です。領民として生きることは王法に従って生きることなのです。領民であるということと真宗門徒であることは本来的に相容れません。領主側から領民として編成されていても、どこまでも十方衆生の一人としてあろうとしますから、真宗門徒は領民ではない、江戸社会の他者なのです。

二、任誓の信仰への評価

1、民衆の見方

さて、この加賀の地で、一人の真宗門徒が別件逮捕されて獄死する事件が起こっています。先に紹介した『寝覚の蛍』にそのことが記されています。

明和年中に小松寺庵騒動あり。其濫觴を委しく尋るに、貞享・元禄の頃かとよ、能美郡二曲村に任誓と云一向宗の禅門有りける。一宗の博識、身の行いも正しき僧なりと聞、一郡挙て尊信す。諸寺衆僧其人の尊ぶを猜みにくんで、邪法なりといいふらし、終に本山へ訴う。其頃は上人一如、任誓を召さる。本覚寺歓喜院と云う院主差添い出られたり。則上人の前え博学の僧侶列座して、任誓に法門をなさしむ。任誓臆する色なく、一宗の旨を堂々として詳に説きければ、一如上人斜ならず感賞し給い、汝が説く所、一言一句の誤なし。此上は宗意違いなきことを知らしめん為なりとて、任誓へ御書を下されたり。此御書歓喜院預りて、永く此寺にとゞまりしが、其後回禄して焼亡し、今其写ありと聞。さて、任誓其後いよいよ尊敬せられて、仏のごとくいいなせり。頑なる衆僧猶々ねたましく思い、此度は国政へかけて、邪法なりと寺社所へるると訴えければ、衆口金を鑠《とか》し、終に御上の疑い蒙り、獄中にて死せり。夫より任誓派と唱て、堅く国禁となれり。

明和年中（一七六四〜七二）の小松寺庵騒という事件の根源は、任誓《にんせい》という在家の篤信者（禅門）から始まっているというのです。貞享・元禄期（一六八四〜一七〇四）に、加賀能美郡二曲《ふとぎ》村の任誓という篤信者が、加賀能美郡挙げて尊信されていた。その任誓を諸寺の僧たちがねたんで本山へ邪法と訴え出たので、小松の本覚寺が差添いで本山へ登り、博学の僧たちの前で法談し、一如上人が信心の誤り無き事を称賛して御書を下付されたので、いよいよ尊信された。そこで今度は加賀藩へ訴え出て、捕えられて獄死した。それ以降、任誓の信仰は国禁となった、というのです。任誓が獄死したのは、他の史料によって享保九年（一七二四）であったことが知られます。人びとの尊信を集め本山で認められた信仰が、加賀藩によって邪法とされ、任誓という真宗門徒が獄死したのです。現在に至るまで、地元では「ニッセサマ」と呼ばれて尊信されています。真宗を禁止した藩では、真宗信心故に捕えられ処刑された例（第三章）はありますが、禁止されたわけでもないのに信心故に藩に捕えられ獄死したというのは、おそらくこれしかない、異例の出来事です。

2、教団からの見方

ところが教団側の見方はこれと異なって、異義者として任誓を捉えるようになりました。

五十年ばかりのむかし、加賀の国能美郡別宮谷二曲村と云処に、任誓と云ものありて、聖人先作のけがにもの玉はぬ邪義をひろめしによりて、加賀には其邪義が段々にひろまりしゆえ、寺法の咎をまたず、国方より御とがめありて、任誓は云に及ばず、其余類のものまで板たくみの牢におしこめられ、任誓は土牢にまで入りしとなり。（中略）任誓法義は、念仏を申そうと思うは自力なり。只心か虚空の如くならねばならぬと教る、甚悪教也。是教に随うべからず、をそるべし〳〵。任誓の作書、農民鑑、聞名歓喜讃、其外書ありとなん（上杉慧岳氏旧蔵『御書写』）

本願寺の堂僧であった澍法庵恵晧《じゅほうあんえこう》という学僧が、使僧として明和五年（一七六八）に北陸へ下向して語った言葉で、心を虚空のようにせよと説く邪義とされています。また一つ。

此の再々往の処は、心も言も払いのけて、唯不思議と仰せられて念仏申す計りなり。是こそ吾祖の御正意なりと云うが再々往の義なり。（中略）先年京都の噫慶、加賀の任誓と云う人は、皆再々往の異解なり（易行院法海『十八通異安心考』）

易行院法海《いぎょういんほっかい》という学僧が語った言葉で、「再々往」と呼ばれる異安心《いあんじん》と同類の信心として任誓が挙げられています。もう一つあります。

先年北国に一類の法義あり。夫れは如何と云うに、甚だしく機を払て、念仏を申すも信ずるもみな行者のはからいぢや。何もないが信ぢゃと執じて吾則歌に、頼むのも、頼まるるのも、いやもいや、只茶を飲んで寝たり起きたり。是が他力ぢゃと執じた。（『江州光常寺御教誡』）

寛政十一年（一七九九）に近江の光常寺の異安心を調理した学僧の皆往院鳳嶺《かいおういんほうれい》の言葉で、一切の計らいを棄てよという信心だから邪義異解だというのです。これらは任誓から四十年から七十年ほど後にいわれたことですが、同じ頃にいい出された、先に挙げました『寝覚の蛍』の民衆的捉え方と真っ向から対立しています。

学僧たちの捉え方は、「心か虚空の如くならねはならぬ」、「唯不思議と」「念仏申計り」、「頼むのも、頼まるるのも、いやもいや、只茶を飲んで寝たり起きたり」（『続真宗大系』第十六巻では「喜ぶもいや、喜ばぬもいや」）というように、いわゆる無帰命安心といわれるタイプで、帰命（たすけたまえとたのむ）が欠落した信仰とみなされたのです。このことは後にもう一度考えます。

三、任誓の活動

それでは、任誓とは何者かということに話を進めます。伝記が残されているわけではありません。残されたいくつかの伝承から次のように考えられます。煩雑になりますので、一々典拠をあげることは省略します。関連史料は『大系真宗史料文書記録編16　近世異義争論』に収録しています。

出生・幼年期

万治元年（一六五八）、能美郡二曲村の十村《とむら》（大庄屋に当たる村役人）与兵衛の娘の子、与三郎として誕生。父は不明で、佐久間玄蕃允盛政《さくまげんばのじょうもりまさ》・大槻伝蔵《おおつきでんぞう》という伝承がある。牛方をして暮らし、牛の背で読書をしていたので、良いとこの子は結構なこっちゃといわれた。

佐久間盛政は、織田信長重臣の柴田勝家の甥で、一向一揆の金沢御堂を攻め落として金沢城主となり、次いで任誓の地元の鳥越城で一向一揆を殲滅して鬼玄蕃と呼ばれた猛将で、賤ヶ岳合戦で敗死しています。一向一揆の末裔にとっては敵に当たる人物で、しかも時代的に八十年も前の人です。一方の大槻伝蔵は、任誓没後に起こった加賀藩の御家騒動の立役者でして、これも年代的に合いません。

これらの父親伝承が何を示しているのかよくわかりません。加賀藩前田家にとって好ましくない人物として、任誓の父とされたのかも知れません。獄死させられたことを逆手にとって、人びとが、加賀藩は任誓を敵対者と見なしたといい伝えたことを意味するのではないでしょうか。真宗門徒の強烈な反加賀藩意識が底流にあるようです。

幼年期の伝承は、任誓が十村の娘の子として認知されていたことを示しています。そして早くから学問への志があったというのでしょう。

修学

延宝元年（一六七三）、十六歳。本願寺の下僕となって、後の学寮初代講師となる恵空《えくう》に師事したといわれます。

恵空は当時堂僧で本願寺御堂で法務や学事に従事していましたから、下僕が師事するということは考えにくいようです。でも任誓の教学の素養は加賀の山中の村で習得したとは思われませんから、恵空に私的に師事したのでしょう。ただしその修学は、信心そのものよりは、真宗教学の基本の習得だったと思われます。

任誓という法名は、あるいは本願寺下僕時代からとも考えられますが、得度したことは伝承がありませんので、私的に名乗った法名だろうと思われます。「誓」いに「任」せるという信心、それを象徴する法名です。

帰郷と講の創設

天和元年（一六八一）、二十四歳頃に帰郷。何を生業としたかは不明ですが、任誓屋敷跡が伝えられていますので、妻子を持っていたようです。残された手紙に、孫を失ったことが見えています。この年に十一か村十二日講を始めました。

抑、この十一ケ村御講の濫觴は、去る天和の冬の頃、こゝは別して辺土にて、遠山奥のことなれば、老少男女ともに、世波《せわ》にただよい、家業にいとまなくして、本寺末寺へ参詣するこゝろざしもおのづからなし、たとひ聊かこゝろざしある人も、こゝろ輙《たやすく》とげがたければ（『十一ケ村御書録記』）

と、本寺参詣がかなわぬ遠山奥の人びとのために講を結成したと見えています。

任誓の生誕地二曲村は、白山麓の手取谷に所在し、かつては山内庄と呼ばれた地域です。白山神領といわれますが、実態がなく、むしろ無主の地ともいうべき地域でした。一向一揆の拠点山内組を形成し、最後まで抵抗して佐久間玄蕃と鳥越城の争奪戦を戦い皆殺しになり、三か年無住であったとも伝えられる地です。この地には、惣道場として別宮妙観寺（西谷二十七か村）・吉野願慶寺（東谷四十二か村）・相滝松岡寺（東西惣道場）の三つの惣道場がありますが、門徒の手次寺は東へ山を越えた小松や北の金沢の大寺院で、村々に道場（内道場も外道場も）が置かれ、道場主はオボンサマと呼ばれる毛坊主でした。つまり真宗寺院がない道場地帯なのです。このような地域の十一か村を結んで、広域のお講を任誓は結成したのです。

本願寺上山、御書下付

元禄十三年（一七〇〇）、四十三歳。この年以前に諸僧が本山に邪法として訴え、上山して法義を述べ、一如上人から宗意違いなしとして御書下付という。『寝覚め蛍』で「天和・元禄頃」とするが、御書下付は正徳四年（一七一四）まで下る。この年五十七歳、上洛して御書を下付され、『十一ヶ村御書録記』を著す。

十一ヶ村御書の事、年来同行衆中懇望に依て、正徳四年四月十九日、総代として任誓上洛して、御本寺にして御老中列座の所にて、かみ件のおもむきくはしく申しあげたりければ、唯今御格式として、一通の御書のうえに村数寺号あまた載らるゝ事はかないがたし。又当御代は御自作の御文章にはあらず、蓮如上人の御文をうつしくださるゝものなりとありしを、この講のことは、自余の御例とはかわりたる事にさふらえば、別して御哀愍を以て御免を蒙たきよし、再三強てねかいもうしければ、懇望のがれかたくやおぼしめしけん、常如上人の御文章をうつしくだされ、あまさえ十一ヶ村に三ヶ寺の名をつらねて御免なしくだされけり。まことに冥加のいたり、いよ〱法義相続の基なりと、ありがたさ身にあまり、同年五月廿二日に御供申し下向して、六月二日下吉谷村において始て御紐解あり。それより段々村々へ御うつりありて、自他ともに聴聞申して、おの〱よろこび奉るものなり

五月六日

釈真如（印）

加州能美郡

遠山奥十一ケ村

松岡寺

願慶寺

妙観寺

十二日講中

『寝覚の蛍』にいわれていた本願寺上山と御書下付が書かれています。任誓の結んだ講の総代として上山し、この講へ本願寺上人の御書を下してほしいと懇願してかなえられたとあって、『寝覚の蛍』で、信心の正当性が認められたといわれているのと、少し異なります。しかし御書を下付されれば、この講は正当性を持つことになりますから、同じことともいえます。

ここでは、御書に村数寺号を多数載せることは異例だったので、それを願って実現したことがいわれていますが、そのような奥書はそれほど特異なことではありません。下付された御書は、御講を構

成する十一か村を巡回することになりました。村々には寺がありませんので、村ごとに御守番が置かれたことに特色があります。

『十一ケ村御書録記』には講衆名簿が付属していて、その人数は下吉谷村の四十二名が最大、清水村の四名が最少というようにばらつきがあります。各村の百姓数と比べてみても、下吉谷村では百姓七十五戸ですから半数以上が講衆ですが、清水村では百姓十九戸で、講衆は五分の一に及びません。御守番の数も、百姓や講衆の数にかかわらず三〜四名です。また講衆名簿には、○年○月○日往生と傍記されて名前が墨引き抹消され、「代」として別の名前が記入されています。つまり講衆が死去しますとメンバーが補充されるのですが、その資格などは何も記されていません。多分、信心の確かさが基準となって選ばれるのだろうと思われます。その意味でメンバーズクラブなのです。誓約者集団といっていいかと思います。

そうした講衆から選ばれて御守番となったなら、御書守護の任が課せられます。御書滞在中は留守にしてはいけないと戒められ、留守にした御守番が帰宅すると、御書が僧形になって留守番をしていたとか、火事から守ったなどという伝えも残されています。任誓もまた二曲村の御守番の一人で、「任誓与三郎」と見えています。このような誓約者集団の性格を持つ講は、これ以外に知られていません。極めて特異な集団であったようです。異義とされてくるのは、こうした講の集団的特徴にも原因があると考えられます。

四、弾圧

任誓はこの十二日講を結成して、これを拠点として信仰を深め、各地で法談を行う活動をしたようです。その筆録が多数伝えられています。また信心の書として、『聞名歓喜讃』（元禄十四年）や真宗からの勤労の倫理書『農民鑑』（元禄十年）などなどの著述もあります。その写本は、白山麓山内に留まらず、加賀平野から越前へ、さらには能登にまで広まっています。

任誓の法談活動は、能美郡門徒の結束の象徴である郡中御影の巡回が関わっていました。巡回にお供して法談を語ったのです。郡中御影といいますのは、教如上人から下された親鸞聖人と顕如上人の二幅御影で、文禄四年（一五九五）に加州能美郡四日講惣道場宛に下されました。能美郡全域の四日講へ下されたのですが、その御影を安置する能美郡惣道場というものはありません。一か所に留まったのではなく、能美郡の直参十八道場といって、どこの寺にも所属せず、本願寺直属の道場が十八あって、そこを巡回していたと思われます。やがてこれを独占安置しようとする小松の寺が出現しました。先の『寝覚の蛍』に出てきました小松寺庵騒動というのは、郡中御影の独占に反対する人びとが、打ち毀しをかけて大騒動になった事件です。独占反対の急先鋒が山内門徒でした。任誓は、この郡中御影の巡回のお供をして各地を回って法談をしていたのです。

本願寺に『加州任誓一埒留《いちらちとめ》』という記録が残されていました。それによりますと、享保三年（一七一八）四月、木場村・岩淵村・軽海村などの在家で法談をしたときには、小松灯明寺甥円海・三ツ屋村宝海寺・小松浄誓寺などの真宗僧侶も参会し、「一席に多き時分は千四五百人」もの聴衆が集まったといわれます。信じかねる人数です。享保六年にも同様に数か村で法談して、やはり「聴聞に集り申し候人数は、日により千四五百人、又は千人斗、七八百人」、「正信偈・御文・和讃、家之聖教等の趣、読み談じ申し候」と記録されています。千五百人とか七百人とか、そんな大勢が集まる場所があるはずがありませんから、何日か何席かの延べ人数でしょうが、それにしても大変な数です。この様相を見た加賀藩は警戒を強めました。この数年前の正徳二年（一七一二）には、隣の加賀江沼郡では大百姓一揆がありましたからなおさらです。

藩は弾圧を開始します。その様相が加賀藩の『加州郡方旧記』に見えています。

享保八年九月十六日、御算用場より御郡奉行へ仰せ渡さる由にて、河北郡十村中御呼び出し、二曲村任誓召し捕り参り申べく候、河北郡十村中へ御預け成られ候旨仰せ渡され、居住は能瀬村弥右衛門居在所に指置申べしと仰せ渡され候。（中略）十九日朝、能瀬村へ直に駕籠にて連れ参り、板さくみへ入れ置き申し候

任誓召し捕りと入牢が記録されています。任誓の他に二曲村十村与兵衛など百姓十名・小松町人七人が連座しました。任誓召し捕りの理由は、「右任誓はいくわい致させ申す候、沙汰の限の由にて」

とあって、徘徊の罪でした。これより先に、

二曲村与兵衛方へまかりあり候与兵衛おぢ、剃髪いたし、任誓と申す者、近年御郡方において一向宗説法仕り候由にて、百姓ども大勢集り、改作方の御法にも違い申す体に付て、その段指止めさせ候よう、去々年御郡奉行・改作奉行示談の上、御郡奉行より能美郡御扶持人十村へ申し渡し、それ以後、御算用場よりも任誓徘徊いたさざる様、仕置候様

というように、任誓は外出禁止処分を受けていたのです。享保六年（一七二一）のことでした。法談そのものの内容ではなく、百姓が群集して耕作の妨げになるという理由で「徘徊止の処分」を受けていたのですが、任誓はこれを破って外出・徘徊して法談をしたとして、召し捕り入牢になったのです。こうして享保九年七月二十九日には牢死と伝えています。

この享保八年には、六代藩主吉徳が襲封し、江戸から入国します。行き詰まった農政再建、財政再建が課題で、合わせて風俗矯正策がとられました。任誓召し捕りは、こうした新藩主の威令を示す政策の一環だったと考えられます。ただし藩には、宗教の正邪を判定する権限がありませんので、邪法というような名目で逮捕できませんから、外出禁止処分違反というわば別件逮捕、予防拘束しかできなかったのです。しかし教団はこれを黙止するわけには参りません。その別件逮捕の直後から、加賀の真宗東派の触頭という役職にあった専光寺を中心に、任誓に従ったとされる僧侶たちを異義として取り調べを開始しています。詳しくは省略しますが、結局は異義性は立証しえず、藩が処分を下し

た人間に従ったという罪で処罰するしかなかったのでした。

五、任誓の信仰

それでは、それほど人気を博した任誓の信仰とは、どのような特色を持つものだったのでしょうか。異義だったのでしょうか。任誓作と伝える書物や法談の聞書類がかなり残されているのですが、その中心ともいうべき書が『聞名歓喜讃』という本で、写本の奥書に「元禄十四辛巳暦七月朔日、干時享保第三天十月中旬九、金府浄誓現住慈門并写」とあります。この本によって任誓の信心を窺ってみます。

四つの問答から構成されています。今回はその第一の問答だけを取り上げます。名号の謂われを聞き開くのが信心といわれるが、凡夫にそんなことができるのかという問答です。

問云、（中略）愚鈍下智の劣機として甚深不思議の名号の謂、いかんが聞き開き、知りきわむべきや、本為凡夫の言に違戻し、易行易修の教に鉾楯して、進退是非に迷えり

南無阿弥陀仏という六字の名号は、初めの二字の「南無」は、意味で云えば「帰命」、和訳すれば「たすけ給えとたのむ」、次の四字の「阿弥陀仏」は、意味では無量寿如来・無碍光如来・不可思議光如来と表され、限りなき命とさえぎるものなき光の仏という意味で、その仏は、たのむ者を必ず救う

という誓願を立て、それを成就した、このように説かれます。

六字名号の謂われを聞き開くというのは、このような仏の願いを知ることであり、信じてたすけたまえとたのむことであり、そうすれば必ず救われる、という信心に至ることを意味します。しかし、そのようなことが愚鈍で知恵浅い凡夫に可能なのか、また容易な行を本旨とする教えに反するではないか、という問いなのです。

救いということを、仮に苦悩からの解放といい換えてみます。江戸の人びとも現代の私たちも、意識するにせよ無意識にせよ、苦悩からの解放を願っていると思います。それを成就するのが仏の願いであり、それがすでに成就されている、六字名号にはこのような意味が込められているのですが、そんなことをいわれても、とてもとても、信じられることではありません。何の修行も必要なしに救われるといわれても、名号の謂われを聞き開くという難行があるではないか、このような人びとの悲鳴への応答なのです。そこで答えるに、

弥陀は（中略）自然法爾を法本として、不覚転入の誓いを起こし給うが故に、（中略）すでにその徳身に報い、名に現われて、南無阿弥陀仏となりました。（中略）無行不成の体として、凡夫往生の正業なり

とあります。これがまた大変に難解です。最初の一句は、弥陀、すなわち南無阿弥陀仏は、「自然法《しぜんほう》爾《に》」を教えの基本に説いておられますから、覚ることなしに救いの道に入ることができる、という意

味になります。聞き開き知り分けるという必要がない、というのです。そのような願いを身体とし名としたのが南無阿弥陀仏ですから、修行を為すことなしに往生する、救われる、それこそが私たちが救われる正しい道である、というのです。名号の謂われを聞き開くことができなくてもよい、聞けない者のために仏は南無阿弥陀仏という姿を現しておられる、というのです。名号の謂われ、救済の原理を聞き開くことで救済というのに対して、その必要はない、南無阿弥陀仏という姿そのものが救いの姿であるからだ、という意味になるでしょう。

ここでいわれている「自然法爾」という言葉は、親鸞の究極的境地を示すものとして有名な言葉です。

自然というは、自はおのずからという、行者のはからいにあらず、しからしむということばなり。然というはしからしむということば、行者のはからいにあらず、如来のちかひにてあるがゆえに、（中略）法爾という。（中略）すべて行者のはからいのなきをもって、この法のとくのゆえにしからしむというなり（『末燈鈔』五、『真宗聖典』）

とありまして、「自然法爾」とは「おのずから」「しからしむ」ということで、人間のはからい、分別を超えた、如来のはからいによって、あるべきようにあらしめられること、を意味します。如来のほうからはからわれて、あるべきようにある、如来からの救済に従って救われる、という意味です。

任誓は、この親鸞聖人の言葉によって、仏のほうから成し遂げられるありのままの救済と了解して、そのままたすけ給ふ御誓いを法爾自然という。自然法爾とは、法身の法徳として、誰なさねども、自ずから凡夫の往生を計らはせ給ふ御誓いともいいます。「自然法爾」とはありのままで救われるということなのです。

どうしたら救われるかなどという面倒な詮索は抜きにして、仏のほうから必ず救うというのに任せてしまう、これが任誓の救済論なのです。

任誓は次にその根拠を示します。

仏の正覚は我等が往生するとせざるとによることなれば、往生のことはりの現われざるほどは不定に似たり。これを若不生者の誓いという。（中略）もとより衆生の往生と仏の正覚と同時に契り交はせ給いけるが現われ、もつてゆきてしかと仏体に定まる。

これも説明がいるようです。南無阿弥陀仏が仏になる以前に法蔵菩薩という修行者であったときに、四十八の大願を起こしました。各願の末尾には「若不生者不取正覚」、すなわち若し我が国（浄土）に生まれない者があるなら、私は正覚（成仏）を取らない、という言葉が置かれています。一人でも往生しない者がいる限り仏にならないという誓いなのです。ところが法蔵菩薩は南無阿弥陀仏という仏になったのです。論理的には、法蔵菩薩の成仏は一切の人びとの往生を意味しますから、救われない者は一人もいないことになります。だから右の文のように、仏が仏になった正覚のときに我等の往生が同時に定められた、ということになり、私たちは既に往生している、救われている、このように考えるのです。私たちのはからいが否定されて、そのままの救いがいわれましたが、それと基調を同じくしています。

このような正覚往生同時説は、任誓の独自な説ではなく、『安心決定鈔』という書に見えています。

十方衆生、願行成就して往生せば、われも仏にならん。衆生往生せずば、われ正覚とらじ、となり。かるがゆえに、仏の正覚は、われらが往生するとせざるとによるべきなり。

『安心決定鈔』は、蓮如上人が黄金を掘り出すような聖教といい、『真宗聖典』にも収録されているのですが、現在では時宗ないしは浄土宗西山派の書であろうとされる問題の書です。でも江戸時代には真宗聖教と信じられていましたから、任誓がこれを引用するのは不思議ではありません。そしてここに見られるような、弥陀成仏のときに往生が定められたという信心が相当に広まっていたのです。それが異義なのかどうかは、少し先で考えます。

『聞名歓喜讃』では、ありのままの救済ということのいま一つの論拠が次に示されます。

知らず聞かずざるにこの徳に預かる故に、今その徳他に響きて耳に入り、心に浮かみて喜ばしく、そのつづまりが口に称えらるゝに拠りて、我等が三業仏体にのせられて、即ちの時、必定にいる。（中略）この誓いの契り朽ち果てずして、今ここにたのむ心と時至り

「知らず聞かざるにこの徳に預かる」というのは、仏からその功徳が衆生に差し向けられているという回向の論理を指します。信心うすき私たちに、弥陀からの念仏が差し向けられていて、私たちも

称名念仏することができる、それによって救済されるという論理で、我等は何の計らいもなく念仏して往生を遂げることができる、ありのまま救われる、このように任誓は説きます。

最後にその実践、聞其名号の在り方がいわれます。

されば名号を聞き知るというは、聞くこともいらず、知ることもいらざる。（中略）聖人の曰く、名号を不思議と一念信じとなえつるうえは、何条わがはからいをいたすべき。聞きわけ知りわけるなと、わづらはしくおほせられさうろうやらん（中略）

聞くというは信ずることなり（尊号銘又）、信ずるというは任すこと、任すというは、計らはざること、計らはざるとは、その俀この俀たすけ給う本願と聞く時は、ただ不思議とばかり知らるるなり、不思議と信ずるを聞くというなり

名号の謂われを聞き知るというが、聞くことも知ることもすべて弥陀の計らいであった、聞くとは信ずること、信ずるとは任せること、計らわないこと、ありのままの救済ですから、ただ不思議と信ずるばかりである、これが任誓の信心の結論です。弥陀の本願という救済原理、ひたすらこれに依拠する信心の在り方です。すでに弥陀の方で往生が定められたなら、念仏することもいらなくなるのです。気づけば救われていた、という信心です。

六、異義性の問題

以上に見たような任誓の信心では、救いをすべて弥陀の本願に委ねますので、たすけたまえとたのむという、人間が弥陀に向かう能動性が弱くなります。そこに視点を据えますと、先に掲げた教団学者の見方「念仏を申そうと思うは自力なり。只心が虚空の如くならねばならぬと教る」、「心も言も払いのけて、唯不思議と仰せられて念仏申計りなり」、「念仏を申すも信ずるもみな行者のはからいぢや。何にもないのが信心」、「頼む（喜ぶ）のも頼まるる（喜ばぬ）も、いやもいや、只茶を飲んで寝たり起きたり。之が他力」という見方になって、任誓は異義者になります。

異義とは、教義のある一部を拡大解釈し、それですべてが律せられることですから、任誓の信心の弥陀まかせという部分のみを取り出せば異義的になります。しかしその信心は弥陀から差し向けられた信心であり、そのはたらきが称名念仏となって口に出るのですから、「念仏を申すも信ずるもみな行者のはからい」といって念仏を否定するというのは、一部を拡大して全体に適用する誤解なのです。教団の学僧たちはそのような捉え方をしたのです。藩によって処断された人物の信心は邪義である、という予断に立脚してのことなのです。

そのことも含めて、次のような問題が考えられねばなりません。ありのままでの救済とは、念仏もせず、ただ寝たり起きたり、となるかどうか、という信心と生活の関係です。そこから、任誓の信心を人びとが喜んで受け止めたのはなぜか、という問題が見えてきます。その一方に、それは藩権力にとっていかなる問題だったのかが問われてきます。

信心の生活は茶を飲んで寝たり起きたりとなるのかという問題を考えます。任誓の著書の一つ『農民鑑』の論理が重要です。この書は、すべて価値の根源が農業であり、それに励むことを勧める勧農書、あるいは倫理書です。冒頭に、

夫、土民の家にうまれ、田夫の身を受けたむものは、先諸事を抛て農業を専にすべきものなり。農は是上政道の根元、下家を斉え身を樹る基也。（中略）百姓は農業を以て骨髄に染て是を励べし

というように、すべての根源である農業に励むことが勧められます。それに背く邪道として、出入り（裁判沙汰）・兵法・詩歌・諸芸・商売・酒宴遊興・勝負事・華美の付き合いなどが挙げられ、戒められます。そして農業の心得としては、四時を計り、土地と作物の関係を見極め、農具用意怠りなく、驕りを慎み倹約することなどが説かれるのです。ただ茶を飲んで寝たり起きたりではありません。

次いで王法を守ることを本とせよといわれます。

守護は全自身を守護せむ為にあらず。偏に国民守護し給う。（中略）その厚恩を忘て命に背かんや。（中略）常に公儀を尊重して法度に随、年貢課役において蟠《わだかま》をなさず、（中略）ただ一途に家

業に勉べし。（中略）縦令《たとえ》君不仁無道にして一旦政苛《まつりごとからし》というとも、敢怨憤《うらみいきとおる》事なかれ。粗《ほゝ》古籍を考に、万民悪気を起則者《おこすときは》、（中略）天災あり。（中略）天鑑明にして此相を示し給うと云々。豈恐て是を慎ざらむや。

民を守護する国主の恩を尊重し、年貢を怠らず、家業にはげめ、君主が仁政を行わずとも恨むことなく、天災は君主の不仁への天の戒めではなく、万民の悪気によるという論も説かれます。むしろ治者にとっては好都合な倫理です。藩にとって何が問題だったかと問うても、これでは弾圧の理由にはなりえません。むしろ奨励すべき倫理なのです。

これだけでは信心との関係が不明なのですが、『農民鑑』は最後になって、勤労の倫理を信心と関係づけて大逆転いたします。

抑、耕て夢幻《ゆめまぼろし》の身命を続て何益ありとやせむ。外は渡世活計の為に似たりといえども、実には後世の輪廻を出離せんが為なり。これを一大事という。速に宜《よろしく》有縁の教法に依て未来の解脱を儲《もうく》べし。夢幻の身を以て能耕《よくたがやし》て夢幻の身を養い、夢幻の身を育《やしない》て夢幻の身を厭。所作《なすところ》皆夢幻にして、不思議の法門に入則《とき》ハ、実相を証《さとる》べし。耕すも此為、勉もこの為なり。

夢幻の身という無常観が基調になりますが、その娑婆で農業に出精するのは、出離の教に出会うためである、娑婆を出離するために娑婆で出精、という論理なのです。いいかえれば、この娑婆で出精するのは信心を得て往生するためだというのです。精農の論理と信心の論理が結合されています。そこでは信心優先で王法は従属の位置に逆転されているのです。強いていえば、この世間の根源的否定に、藩側が問題にする論理があるのかもしれません。しかしそのような逆転があったにしても、藩にとっては精農の倫理は十分に評価されるものでした。民衆の支持という問題もまた、家の没落を回避するのにこの精農の論理が重要だったことに拠っています。

しかしやはり、任誓思想は藩にとっては危険思想の要素を含んでいました。『法談二十座聞書』（諸文献に未収録）という任誓の法談の聞書に、

信心をえたるものは鬼にも恐れがなきからして、国に恐れなし。辱くも、帝王さへ信心を取らねば地獄であり。信心をとれば、王も惣じて恐れがないに依て、かろしむる事である也

王法を本とせよ、仁義を本とせよとあり。本と云が二つある。これは草履とりが夜道と昼道とはちがうことで有也。夜るは草履とりが先になるなり。昼は草履とりが後になる事なり。

堪忍は自力也。堪忍は身心についた方なり。これ王法を本とし、仁義を先とせよと云。娑婆とは堪忍のこと、他力は心の底には少しも堪忍がいらぬ放馬なり。

信心がなければ帝王さえ地獄と世俗権力を批判し、王法は信心の家来の草履取、堪忍の娑婆の闇夜では、提灯を持った草履取が先に立つ、というのです。世間の根源的否定がここに出ています。人びとはこのような任誓の王法観にも共感したでしょう。

そしてさらに、任誓の弥陀任せという信心は、仏になるという民衆的な往生観へと展開します。任

誓の作と伝える和歌が『石川県能美郡誌』に収録されていました。

南無という　その二文字に　花さきて　阿弥陀ほとけと　身はなりにけり

この歌は、仮名草子『夫婦宗論物語』での門徒の男の、『妙好人伝』薩摩お千代の、次のような和歌とほとんど同句です。

南無という　二つの文字に　花咲きて　阿弥陀仏に　身は成にけり

南無という　其二文字に　花さきて　阿弥陀仏とぞ　身は成りにける

同じ和歌があちこちに出てくるのですが、その元歌は蓮如なのです。

南無という　そのふた文字に　花さきて　やがて仏の　身とぞなりける

ほとんど同じなのですが、蓮如では「やがて」仏の身に成るとあって、後世成仏なのですが、任誓や『宗論物語』やお千代の歌は「やがて」という語がなくて、現世成仏の意味になります。念仏成仏の信仰で、我が身がそのままに仏になりうるという確信が詠われているのです。人びとはこのように確信して任誓の信心を受け入れたのです。『御書録記』では、極めて端的に、

わか機のうえのとやかくやは、とにもかくにもみなあさましきひがおもいぞとうちすてて、ただ名号の不思議をききうれば、弥陀をたのむ機はすなはち弥陀の御こころとひとつにて、南無阿弥陀仏のすがたなり、されば南无とたのむ機は、阿弥陀仏の御回向にて、微塵のへだてもなく、ひとつこころの行躰とならせたまうがゆえに

と、弥陀との一体を説いています。

加賀藩主利常は、国の仕置きは門跡といいましたが、任誓はありのままで救われる信心を説き、精農の倫理と王法為本での日暮しを勧めて、加賀藩政の支配を受け入れました。しかし、それらは信心獲得のための日暮しで、王法は信心に従うと宣言していたのです。利常が見た門跡の仕置に従う支配に従順な百姓門徒とは、実は内心の信心を主人とし、王法は信心の草履取でしかないと思いつつ、もっぱら農業に出精して倫理的な日暮しに努める百姓でした。面従腹背の真宗門徒は、内心の信心において、どこまでも近世世界の他者でした。それでも江戸世界において真宗門徒は、他者性を表面に顕す大きな動きを見せませんでした。これによって近代の研究からは無視されたのです。でもその秘められた他者性を知ってみれば、それを総合した江戸の世界が考えられねばなりません。それが近代、そして現代の、忘れられた基点なのです。

『蓮如上人御一代記聞書』一五七条に、「仏法をあるじとし、世間を客人とせよ」と見えています。任誓はこの通りに生きました。真宗では、世間は主人ではなく客人なのです。しかしながら、現実世界では世間が主人で仏法は客人なのです。正直勤勉をこととして世を渡るのが普通で、それを無常と受け止め、それを超える道を説くのが仏法ですから、信心は普通の世渡りからすれば異様なのです。世間から仏法は異様な客人とされるのです。客人とは、得体の知れない外部からやってきて、暫く留まる異邦人なのです。一宿一飯の客人は、精々もてなされて、速やかに送り出される、という存在です。世間から見ると仏法はこのような客人でありますが、逆に仏法からは、世間こそがひと時、人間に宿った客人なのです。

史料

『任誓一埒留』・『加州御郡方旧記』(抜)・『十一カ村御書録記』・『御書写』・『十八通異安心考』(抜)・『江州光常寺御教誡』・『寝覚の蛍』

大桑斉編『大系真宗史料文書記録編16　近世異義争論』法藏館、二〇一五

『農民鑑』

大桑斉編『大系真宗史料文書記録編15　近世倫理書』法藏館、二〇一〇

飴野一郎『農民鑑　能美の土徳任誓』真宗大谷派小松教区九日講門徒会、二〇一三

『十一ケ村御書録記』

田中辰吉・飴野一郎『十一ケ村御書録記』真宗大谷派小松教区九日講門徒会、二〇〇八

『聞名歓喜讃』

中川一富士『加賀の傑僧任誓』(石川県鳥越村史別巻)鳥越村役場、一九七二

『御夜話集』石川県図書館協会、一九七一

『寝覚の蛍』石川県図書館協会、一九七二

研究

大桑斉「「異義者」任誓伝の思想史的考察」大谷学報52—3、一九七二

同「「異義者」任誓の思想史的位置」真宗研究17、一九七二
同「『農民鑑』の真宗的倫理と支配思想」（『日本の社会と宗教』同朋舎出版、一九八一）
同『寺檀の思想』教育社歴史新書、一九七九
同・福島和人共編『大地の仏者』能登印刷出版部、一九八三

第三章　薩摩の千代と人吉の伝助

賜りたる信心――真宗禁制下での殉教――

はじめに――妙好人と伝記――

獄死した真宗門徒任誓のことを先章で申しましたが、本章でも引き続いて真宗信仰ゆえに死罪にされた人びとを取り上げます。一人は、真宗信仰が禁じられた薩摩の、お千代という女性で、禁制を犯して本山参りをしたことが露見して処刑されました。もう一人は、やはり真宗を禁止した人吉藩、薩摩藩の隣ですが、その山田村に住して、ひそかに隠れ念仏の信者となり、各地に布教して処刑された伝助という門徒です。お千代のことは『妙好人伝』に載せられて知られていますが、山田村伝助はほとんど知られることがありませんでした。

薩摩のお千代ですが、『妙好人伝』以外に全く史料がありません。そこでここは、この『妙好人伝』の「千代女」の章を読みながら解説し、問題を引き出す方法でやってみたいと考えました。最初にテキストになります『妙好人伝』のごく概略を申し述べます。

まず、妙好人という言葉ですが、「念仏者をほめる称号。観無量寿経に念仏者は人中の分陀利華《ふんだりけ》（白蓮華）であると説き、善導は、分陀利華はうるわしく、すぐれた花であり、念仏者をこれに喩えて人中の好人・妙好人・上上人・稀有人・最勝人とする」（『真宗新辞典』）とあります。すぐれた念仏者を泥の中から開いた白蓮華にたとえた言葉です。そして、「大部分が無名の農民や商人で、中に遊女もある。近世真宗門徒の信仰生活が典型的にあらわれており、近世・近代における門徒の思想形成の方向を示す」（同「妙好人伝」）ともありまして、妙好人といわれたのは、ほとんどが民衆的真宗信仰者でした。

妙好人に着目したのが、有名な哲学者にして禅者の鈴木大拙です。

浄土系の真宗には、開教の始めからすでに二つの主流があったものと考えられる。……主流の一つは、『教行信証』系である。今一つは、「和讃」や『歎異抄』及び「消息集」に通ずる系統である。……『歎異抄』はすべての衣冠束帯をかなぐり棄てて浴衣一枚でお茶でも飲んで十分にくつろいだ田舎老翁である。……自然である。心で動くものが何のこだわりもなしに口に出る、手足が上下する。……妙好人の流は『歎異抄』から出るが、『教行信証』からは涌いて来ない。他力宗の真面目は、宗学の老匠達がしゃちょこばって坐わりこむところよりも、むしろ百姓教信が夕顔棚の下で片肌脱いで涼風に浴するところに汲み取るべきであろう（『妙好人』法藏館、一九七六）

このように、『歎異抄』や『親鸞聖人消息集』系統の民衆的真宗信仰として妙好人を捉えています。民衆的真宗信仰者の列伝が『妙好人伝』なのですが、石見（島根県）の浄泉寺仰誓《ごうぜい》が編した二巻本が最初で、天保十三年（一八四二）に弟子の美濃（岐阜県）の僧純が刊行しました。次いで僧純は第三〜五編を安政五年（一八五八）までに刊行しました。さらに加えて、松前（北海道）の象王が編集して嘉永三年（一八五〇）に刊行した『続妙好人伝』があります。このように相次いで刊行されて全六巻の形態になりました。収録された妙好人は全部で百五十六人になります。『妙好人伝』の研究者菊藤明道氏の編によって、『大系真宗史料伝記編8　妙好人伝』が刊行されています。そこに収録された五巻本を使っていきます。薩摩の「千代女」は第四編に登場いたします。

江戸時代の末期になって、このような真宗篤信者の列伝が編集され刊行されましたのは、教団が正統とする真宗信仰への批判という背景がありました。『妙好人伝』を編集した仰誓や僧純は西本願寺派の学僧ですが、西本願寺派の学林では三業帰命説《さんごうきみょうせつ》といわれる教学が主流となりました。身に合掌礼拝し、口に念仏を称え、心にたすけたまえとたのむ、というように、身口意のすべてを挙げて帰命するという教学です。仰誓らは、そのような学林教学に反対して、ありのままの救いを説く立場でした。前章に紹介しました加賀の任誓が、一切を弥陀の本願に任せるというありのままの救いを説いたのと通じます。そのような信心に生きた門徒の伝記を編纂、刊行することで、学林教学を批判したのです。ありのままの救済ということを、仰誓は「容有《ようう》の機《き》」といいました。正解ではないにしても、それなりに許容される信仰、という意味です。いつ帰命したという覚えもないが、気がついたら救われていた、そのような信仰形態としての妙好人の伝を編纂したのです。その一人としてお千代があります。お千代は弾圧によって処刑されたことで有名になったのですが、『妙好人伝』では、そのことよりも、妙好人の一人として顕彰されております。

一、薩摩の千代

さて、それでは『妙好人伝』第四編の三人目に収められた「千代女」を、段落を区切って一節ずつ読んでまいります。ただし、問題明確にするために、真宗禁制という薩摩で、隠された内心の信心がいかなる様相をとるのかを視点にして読んでいきます。

1、入信

九州に一の大国ありて、浄土真宗の御教《みおしへ》、ことに御繁昌ましく〳〵て、道俗男女ふかく喜びいけるが、故ありて切支丹同様の禁制とぞなりける。しかるに、寛政の頃とかや、其領主の家中に青木清助とて、五百石の侍あり。その娘に千代というものありけるが、いかなる宿縁にや、世をうきことにおもい、仏法に志ふかく、あらゆる知識にあいて、法華経をはじめさま〲の御法《みのり》をもとむれども、つみ深き女人の助かるべき教のなきをなげき居たるが、ふ図《と》同行に出会、弥陀の本願の御義《おいわれ》をはじめて聴聞し、誠にわたくしの根機相応の御法なりとて無二の信者となり、ひそかに御恩を喜び称名念仏怠なけれども、国の掟きびしければ、同行に親み、不審のことゞもおもいのまゝ問いたづぬることもかなわず、花見遊山にことよせ、同志のものをかたらいてぞ、聖人の御をしえ残かたなくきゝ届けたる。

「九州に一の大国」とあいまいに表現されていますが、真宗禁制とありますので、薩摩藩を指すことは明らかです。禁制の理由などについては後に考えます。最初に、真宗禁制下の薩摩藩という場と、寛政の頃（一七八九～一八〇一）という時代設定がなされています。真宗禁制という王法の存在、王法が禁教という姿をとっていることがまず語られます。

次いで主人公の千代の素性が示されます。五百石取りの藩士青木清助の娘といいます。ところが確認が取れないのです。『薩州島津家分限帳』という、藩士の名簿を探してみたのですが、そこに青木清助は見えません。実在か否か不明とせざるをえません。薩摩藩真宗の代表的研究者であります桃園恵真氏は、『妙好人伝』の「千代女」とほとんど同内容の『お千代物語』〈嘉永七年〈一八五四〉刊〉を要約して紹介されているのですが、そこでも「青木清助」の実在は確認がなされていません。青木清助娘千代が本当にいたのかどうか不明なのです。この物語自体がフィクションなのかもしれません。

それならそれで、このような物語が語り出されたのかは、何らかのモデルがあって、その実名を隠してでも語られねばならぬ物語でした。真宗を禁じた薩摩藩を「九州に一の大国」として語り出したのですから、その登場人物が実名を伏せた仮名であっても不思議ではありません。確認がとれないままに、史実かどうかにこだわらず、禁制下薩摩の真宗信仰の物語として読み進めることにいたします。

その千代が信心に至った契機が次に語られます。宿縁によって「世をうきことにおもい」、ということが契機としていわれるのですが、さらには「つみ深き女人の助かるべき教」を仏法に求めたが、それがないことを嘆いたというのです。世を厭ったことと女人罪業観念がどう関わっているのかもはっきりせず、入信の契機としては紋切り型で具体性を欠いております。しかしながら、真宗が禁制でない地域で、寺檀制度の下で、幼い頃から念仏の教えを耳にしてきた人びとは、罪深いとされた女人救済が如来の本願であるという真宗の教えを知っていましたが、禁制下の薩摩ではそうではなく、女人救済の教えは自ら求めねばならなかった、ということを語っているのでしょう。

その悩みから、はからずも真宗信者との出会いとなり、本願のいわれを聞かされて、相応の教えと知って入信し、念仏を慶ぶ身になりました。けれども念仏禁止の「国の掟」故に、その信心を表にあらわすことができなかったのです。念仏禁制という王法、その王法をもって本とせよという教え、これらと内心の信心の関係が問題となってきました。真宗禁制は、外部から強要される規制なのですが、それ以上に、王法を本とせよという教えとして、それを受け止める自分の心の問題、内部の問題となって信仰の在り方を規制するのです。

2、本山参詣

あるとき、かの千代申けるは、かゝる御をしえ聴聞申したてまつること、ひとえに祖師聖人の御かげなり。此をしえましまさずば、あさましき女人の身のうえ、悪趣にこそおもむくべきを、さてもく〵ありがたき事に侍るかな。此御恩をばいかゞして報じたてまつらん。あわれ一たび御本山へ参詣いたし、一天無二の御真影様に拝礼をとげ御恩を喜び申しなば、さぞかしうれしからん。其上には此世に望さらになし。をのく〵いかゞといいければ、木村良会が妻せん、外記村の百姓初右ェ門ならびに藤蔵、口をそろえて、さてもありがたき思召にて候。まだ御わかき身のよくもこそ仰られけれ。我々も其こゝろざし兼ておわし候得ども、国禁を恐れていまだ本意をとげ申さず。さらば、不定の露命、一日もはやくおもい立べしと、ひそかに旅立の用意をして、上方見物と申して、同五年丑春、千代、年十八歳にて同行三人をともない、終に参詣をとげ、御真影様に拝礼いたし、国の名をかくし、善知識の御盃をいたゞき、御膝元の御法莚にもたびく〵あいたてまつり、御安心の御紀をうけ、わが領解のあやまりなきことをよろこび、名所旧跡の見物にはすこしも心をとゞめず、これ生涯のはじめをわりなりとて、両御堂ばかりに御礼をとげ速に国にか

えり、

第二段は、千代が三人の同行と共に西本願寺に参詣して、信心に誤りのないことを確かめる話です。寛政五年（一七九三）とされるのですが、裏づける史料はありませんし、千代と共に本山へ参った、せんという女性の夫の木村良会に関しても不明ですし、おなじく同行者の百姓藤蔵の外記村という所も薩摩にその名の村が見当たりません。ここでもフィクションの感が強いのですが、それならここで何がいわれているのかを考えてみます。主題はやはり信心を禁ずる王法と、その尊重をいう教え、それと信心の関係という問題です。

本山参りが、あさましき女人を済度する祖師聖人への御恩報謝として企図され、本山において一天無二の親鸞聖人の御真影に拝礼し、善知識（法主）から盃をいただき、信心の御紀しを受けた、と語られています。本山参りは御真影・善知識との対面なのです。信心を内心に隠す日暮しを強いられる人びとは、親鸞聖人と本願寺宗主に面謁することで、その信仰のあかしを得ることができたのです。国禁に対抗する内心の信心を支えた御真影・善知識は、王法を超える権威としてあったことを物語ります。ただし善知識にしても、念仏禁制という薩摩藩という世俗権力に世俗の世界で対抗することは憚られますから、善知識への迷惑を考えて「国の名をかくし」、盃を受けたのです。真宗門徒は内心の信心において王法を超えながら、それを世俗世界にあからさまな形で表明することをしないというのです。

3、露見と吟味

兼て御法度のことなれば、此ことだれにもいわざれども、いかゞしてよびかもれきこえけん。千代、年廿一才の秋、七月朔日、おもいがけなく吟味の席によび出され、長役《ちやうやく》長谷瀬《はせや》常也《つねや》知行五百石筆役杉原長八知行三百三十石その外、役人廿七人、列を正しく四人の者をめしすえられ、長谷瀬、千代にむかいて申しけるは、其方ども、何と心得て御国の御法度をそむき、浄土真宗に帰依し、あまつさえ京都本願寺までも参詣いたせしや、有体申しあげよ。其頭取は誰なるぞ、とありければ、千代、手をつかえ、頭取は則私にて御座候。御国に住居仕りながら御法度を背きし御咎は、誠以て恐入たてまつり候。只後生の大事のみ心にかゝり、はからずも御国政をそむき候段、一言の別の申しわけは御座なく、と申し上げ候得ば、

第三段は、本山参りが露見して、吟味を受ける段落で、四つの問答で構成されています。まず第一の問答です。これも確認が取れない人物なのですが、吟味役の長谷瀬常也が千代に問いかけます。「御国の御法度をそむき」真宗に帰依し、本願寺へ参詣したことが問われ、その頭取は誰かという糾明です。千代は、頭取は私で、後生の一大事のために国政に背いたと、国法への背反を是認しました。これでは処罰は避けられません。

そこで役人の長谷瀬は、誘導尋問を試みます。これが問答の第二で、

役人重ねて、御法度をそむき浄土真宗に帰依するものは、御仕置に相なることかねて承知もいたすべし。其方ども御国を立出候こと、本願寺参けいにてはこれなく、伊勢参宮どもにては是なきや。千代、さしうつむき、しばらくありて申しけるは、心にもなき白状を仕り候ことは、第一御殿様へ偽を申し上げ候道理にて、実意をそむき申候。かく露顕のうえはいたしかた御座なく、全本願寺参けいにて、神まうでにては御座なく候。

本願寺参りではなく伊勢参宮であろう、それなら無罪というのです。長谷瀬は同情的な役人とされています。しかし千代は、心にもない嘘をいえば殿様を偽ることになると、本願寺参りだったと主張します。伊勢参宮といえば、本願寺参りという報謝の営みをごまかしてしまうことになります。内心の信心を偽ることを語ることになります。信心と関係がない世俗権力の殿様に対してであれ、偽をいうことを許さないのです。そのことによって、信心は権力に優越いたします。千代はこの道を選んだのです。処罰を引き受けることで信心の優越を確保しようとした、といえましょう。

そこで第三の問答です。

常也、眉をひそめ、さて〳〵それは是非なき白状なり。さりながら、以来吃度《きっと》心底を相い改め、浄土真宗の教をふつゝりとおもいきり、先非後悔の御わびを申しあげなば、何とかとりなしのいたしかたも是あるべし。ことによりては御助命にも相なるべしと申されければ、千代、涙をうか

べ、こはありがたき御なさけには御座候へども、露の命をおしみ、後の世の大事を仕そこない候事歎かしく、将又《はたまた》、願力の御不思議より御 戴《いただか》せにあづかりし信心に候得ば、此千代が料簡にて改め候事も出来仕《しゅつらい》らず。その義は平ニ御断申上たく、只恐れ入り候ことは、御法度をやぶり、かく御役介《やくかい》をかけたてまつること、宗門のいましめにて、もしも善知識様きこしめさば御むねをいためらせたまうらん。それのみ心外にぞんじ奉り候。それも露顕のうえなればちからに及ばず。何ごとも私の不調法に御座候。一旦の命に後世の大事はかえられ申さず候。御仕置は覚語《かくご》のまえに御座候間、御定法のとをり御取行い下され候ても、いさゝか御うらみに存奉らず、と誠に堅固の申しやう、武士の覚悟もかくこそあり度とぞ見えける。

そこで役人長谷瀬は、信心を捨てよ、そうすれば助命すると迫ります。それに対する千代の返答が、この物語のハイライトです。「御 戴《いただか》せにあづかりし信心に候得ば、此千代が料簡にて改め候事も出来仕らず」というのです。真宗では、信心は如来から差し向けられたものと受け止めます。如来は、必ずたすけるという本願を信ずる心もない人びとに、たのむ心、信ずる心を差し向けておられる、如来回向の信心です。如来回向の信心だから、自分の意志でいただいたり捨てたりできるものではない、これが信心を捨てられない理由なのです。親鸞の言葉に従って、「如来よりたまわりたる信心」（『歎異抄』十八条）と名づけておきます。そして真宗への弾圧によって信心を棄てよと迫られたとき、この賜りたる信心という信念が抵抗の拠点になったのです。

千代は、その上で、法度を破り厄介をかけたと詫び、善知識の胸を痛めたことを悲しみ、しかしながら、後世の大事に一旦の命は替えられぬとして処罰を願うのです。如来回向の棄てられぬ信心が後生の一大事を保証する以上、命といえどもこれに替えることはできない、信心が国法や宗門の掟を破ったのが罪なら、信心に従って処罰を受けるしかない、このような千代の信心優越の姿が窺えます。

そこで役人は千代の説得をあきらめて、

常也、外三人のものにむかい、千代が返答はきこえたり。是は一人〳〵の吟味なれば、ありていに申あげよ。改心だにいたさば助命のとりなしをもいたすべし。生死ふたつの境なれば、こゝろしづかに返答いたせとありければ、三人口をそろへて申し上げるよう。お千代どの一人の頭取と申すにても御座なく、いづれも同ようにて、今死ても往生一定と覚悟の外は御座なく候。御作法の通り御仕置をねがいたてまつると申述ければ、さて〳〵揃いもそろうたり。しからば御国の御政道にはかえがたし。御仕置仰せ付けらるゝであろう。申し置きたきことあらば遠慮なく申しのべよ。

というように、他の三人に向かい改心と助命を勧めますが、三人ともに千代に従うと申し述べたので、役人としては処断するしかなくなりました。

4、辞世の詠歌

最後に遺言を許し、処刑の様子が語られます。これを第四段とします。

千代、答て、残かたなき御慈悲の御ことば、今死する身の何をか申し残すべき。去ながら有縁の人々へ、とて硯を乞うけ、紙をとりいだし、辞世のこゝろにて南无阿弥陀仏をかしらにいたゞき、

南无という　其二文字に　花さきて　阿弥陀仏とぞ　身は成にける
无用なる　世間のはなし　差置て　なむあみだ仏と　御名を称えよ
阿さ夕の　鐘や太鼓は　きかずとも　なむあみだ仏は　常にわするな
弥の為と　思ふ心の　有ならば　なむあみだ仏の　所作をわするな
陀ざいする　三途の苦をば　引かえて　仏果に登ることを　よろこべ
仏法の　とうときことを　信じなば　娑婆執著を　すてゝよろこべ

かくしたゝめてさし出せば、役人の心には感じ侍れども、国の掟なればとて、四人ながらひとつまくらに御仕置とぞ定まりける。

千代の和歌が連ねられています。その第一首は、第二章に触れました、加賀の任誓作とされたものに似ており、蓮如の作と伝えられる和歌に元があります。念仏者は身が仏になるというのです。そこ

では触れませんでしたのでここで付け加えれば、『蓮如上人御一代記聞書』にある、「御たすけあるすがたを、南無阿弥陀仏」（三条）、「みだをたのむ一念にて仏になる」（七十八条）や、「弥陀をたのめば、南無阿弥陀仏の主になる」（二三九条）という信心の在り方が前提になっています。賜りたる信心で、身は仏になる、と千代は語ります。

第二首以下は、第一首の仏となる身を受けて、「无用なる世間」の「阿さ夕の鐘や太鼓」を顧みずに念仏し、「弥（身）の為と思ふ心」という娑婆への執着によって「陀ざい（堕罪）する三途の苦」の身が救われたと喜び、「娑婆執着をすて」よと詠われています。賜りたる信心は、娑婆を超えるのです。娑婆に身を置くことで娑婆は主人ですが、その娑婆は執着や堕罪、苦として否定され、客人である念仏のみ真実なのですから、他者であった仏法が主人となり、世間は客人に逆転されているのです。

5、奇　瑞

こうして四人ながら処刑されますが、このとき奇瑞が起こります。これが最後の第五段です。

其きざみ、不思議なるは、涼風吹来るとおぼえて、西方より紫雲たなびき、異香薫りて音楽のこえほのかにきこえ、討はなされし首八尺ばかり空中にとゞまり、念仏数遍となえて、日頃よりも面色《かほいろ》うるはしく、笑をふくみ、紫雲に乗じて西の方へ飛さりけり。しかるに、国内の同行、よそながらいとまごいのこゝろにて、我も〳〵と御仕置の場所へ見物に出けるが、千代をはじめ四人の者、金剛堅固なるありさま、かゝる不思議の体相を拝し、覚えず異口同音に称名の声天地にひゞき、出役検使の人もみな感涙を催し、心のうちには称名をとなへざる人なかりけりとぞ。追々伝きくひと、誰も〳〵、かくこそ有りたけれど、国内御引立にもなりけるとかや。此千代・せんの両人は、かの松むし、鈴むしにおとらず、初右衛門、藤蔵は住蓮、安楽の両房にことならぬことを思出、いとありがたく尊き事にこそ。かゝる不惜身命の喜びをきくにつけても、実に愚なるは、われ人の身のうえならずや。鐘や太鼓の御催促は常に耳に聞ながら、仮の浮世に貪著のみして、御法座にも参る心なく、誰はばからぬ法国に住居しながら、同行・善知識に親近して問たづぬるこゝろもおこらず、おもてはれて我家に安置したてまつる御仏にさえ、朝夕の御給仕怠がちなるは、大事の思いうすきより、人並名聞の為躰《ていたらく》、実にはづべき事也と自己返照して、御法義にもとづきたまうべし。

紫雲たなびき、討たれた首が念仏を称えて西方へ飛び去るという奇瑞が起こったのです。四人の処刑に集まっていた多くの人びとが、その有様を目にして、真宗禁制下にもかかわらず、大声で念仏を称えたというのです。処刑によって、王法が信心を圧殺したかに見えましたが、逆に信心が王法の絆から解き放たれたのです。誰もが、「かくこそ有りたけれど、国内御引立てにもなりけるとかや」と感じたというのはちょっとわかりにくい表現ですが、皆がお千代たちに倣いたい、念仏申したいと思ったのが、念仏禁止の国柄ではいかんともしがたいと思ったという意味でしょうか。念仏が国禁を超えたと、千代たち四人の処刑が意味づけられています。

また同時に、この奇瑞の物語は人びとに別の物語を思い出させました。千代とせんの二人は松虫と鈴虫、初右衛門と藤蔵は住蓮と安楽に異ならずと語られたのは、かつての鎌倉時代に起こった念仏弾圧事件を指します（第四節で取り上げます）。祖師の時代から、念仏への弾圧は変わることなく続いている、念仏者は世間から排除され続けてきた、しかしそれでも念仏のみ真実である、という思いとして受け止められたのでしょう。

最後の結びの文言は、「誰はばからぬ法国に住居しながら」と、弾圧のない国に住みながら、念仏を怠る我が身を責める言葉です。『妙好人伝』は、妙好人とされた篤信者の行実を、みな我が身に引き当てることで終わるという語り方ですから、千代女伝もそれに従って、我身の信心のうすいことを誡めて結びとしています。けれども、これでは問題は済みません。なぜなら、千代女伝は、内心の信心が王法を超えていく姿を描き出したのですから、権力側からすればまことにけしからぬ語りと映ったでしょう。真宗はやはり他者なのです。

『妙好人伝』第四編は安政三年（一八五六）に刊行されましたが、それより三年前の嘉永七年（一八五四）に『薩州お千代物語』という書物が刊行されています。『妙好人伝』の千代女伝はこれを元にしていると思われます。しかし千代の信心を示す重要な「御戴せにあづかりし信心」という言葉は、この嘉永本にはありません。『妙好人伝』第四編の編者僧純が加えた言葉です。このような変更にも注意せねばなりませんが、もう一つ重要なのは、嘉永本の最初に置かれた文章が省略されたことです。即ち『薩州お千代物語』は、そもそも我が日本は神国であるという規定と、「神慮にかなわざれば御罰を蒙ること必然」という文で始められまして、真宗親鸞聖人の教えが繁昌したのは「神慮にかなわせらるる故」と述べ、『宝基本紀』という書物に、天照大神が自分は天竺では釈迦であり、その教えが日本に渡来したのだから「神仏一体の儀うたがいなし」であり、「弥陀の本願を信じ行ずることは、天照大神の御本懐」であると述べられています。つまり、真宗は神の意にかなう教えであるというのです。それなら千代女のように処罰されるはずがないことになって、矛盾的です。でもこのような一文が置かれたのは、処罰されたけれども真宗は神国と一致する教えであるという弁明が最初になされて、千代女処刑は神国に反したのではなく、国法違反の故であったということにしたいわけです。このような弁明をしてまでも、千代女の物語が刊行されたことを確認しておきます。

二、薩摩藩の真宗禁制

薩摩藩の真宗禁制のことを保留したまま論を進めてきましたが、千代女の物語を読み終わったところで、この問題を考えます。すでになされています研究によっていきます。一つは、先にも名を出しました桃園恵信氏は、真宗禁制の理由を「薩藩封建支配体制は縦の支配であり、真宗の思想は徹底した平等主義・同朋思想」であったことに求めています。それはそうに違いないのですが、これでは一般論でしかなく、真宗の平等思想が具体的にどのように問題になっていたのかは別途に考えられねばなりません。

もう一人、歴史研究者というよりは、宗教評論家とでもいうべき存在ですが、米村竜治氏の『殉教と民衆―隠れ念仏考―』（同朋舎、一九七九）・『無縁と土着―隠れ念仏考―』（同朋舎、一九八八）という二冊が極めて重要です。米村氏は第二著書で次のように書いています。

鎌倉期における浄土教の念仏のおこりの初めから、その存在は許すべからざる危険思想として弾圧を受けた。……念仏が国家仏教を否定するからである。……その視座に国家がない。……支配者にとって、それは、日本の価値破壊と伝統否定につながる不逞の思想と写った。……真宗は、もはや地下水の如くに民衆に浸透している。しかも、それは、掌握できぬ無定形である。無定形な存在ほど、支配者にとって不可視で不気味なものはない。

米村氏は、真宗は当初から三つの危険性を持っていたと考えます。第一は真宗の視座に国家がない、第二に日本という価値と伝統を破壊する、第三に無定形である、というのです。親鸞の思想には、日本という価値観はなく、日本という特定の国家に視座を置くこともありません。その思想が信仰として民衆の内面に受け止められていますから、それは形がない不気味なものなのです。

これが真宗を禁制にしなければならない根本的な理由なのです。しかし国家は、そのような真宗を危険思想として禁圧するだけではダメなことに気がつきます。

公認と管理の両義の政治によって、徳川幕府は真宗寺院をすすめて、逆に、真宗寺院をして民衆支配の道具として掌握してしまうのである。……ところが薩摩藩は、徳川幕府のこの真宗管理の方策を採らなかった。中世以来の、真宗許されずの路線を、幕藩体制以後も、変わることなく踏襲していくのである。

とも米村氏が述べていますように、徳川幕府はこの危険思想を認めて管理することで、真宗を民衆支配の道具にしたのです。第二章の任誓の章で、加賀藩の前田利常の真宗観を紹介したことを思い出してください。門徒の国を治めるには本願寺を利用するのが一番だというのです。

薩摩藩はこの方針を取らずに、禁圧をもって臨みました。その具体的契機について桃園氏は、『日新菩薩記』という書物、島津十五代貴久の実父忠良は日新菩薩と呼ばれた薩摩・大隅・日向三国統一の功労者なのですが、その忠良の死の三十年の後の慶長二年（一五九七）に、菩提寺の住職泰円が著した記録です。そこに、

一向宗起て父母を軽んじ仏神に疎んずる者、人間の俗（族？）にあらず、依て是等の徒党成敗に根を絶ち葉を枯す事、悪逆無道は天魔の所行、天下国家を乱す、是魔賊を誅罰する

という記事が見えていることを桃園氏が紹介しています。藩祖ともいうべき人物の真宗天魔論、人倫

神仏に反する非人間・天魔・魔賊としての真宗という見方で、これを根絶せよと命じたというのです。
島津忠良は真宗の危険性に気づいていたのです。
こうした真宗天魔論が前提となって、島津義弘の代になって、真宗禁制が表明されるのです。

一向宗之事、先祖以来御禁制之儀に候之条、彼宗躰に成候者は、曲事たるべき事

慶長二二年（四年）廿二日　　義弘御判

というのがその史料です。とくに禁制の理由を示すことなく、先祖以来禁制であったからというだけです。

禁制が公布されるには、それ一つのきっかけがありました。島津氏は九州の覇者となったために、天正十五年（一五八七）に関白秀吉の討伐を受け降伏するのですが、そのときに本願寺の門跡顕如や新門教如が秀吉軍に同行したという説がいわれています。『本願寺通紀』天正十五年五月に、

秀吉、島津攻めに宗主を誘い同行〈或曰く去年十一月宗主入薩州。一云、光寿従行、宗主〉獅子島宗徒便路を京軍に告げる

この伝説が根拠となって、秀吉の島津討伐に協力したとして真宗禁制が布告されたといわれています。顕如はともかくとしても、教如は実際にこのときに九州へ下向していますが、いわゆる陣中見舞いで、随行したのではなく、薩摩にも入っていないようです。さらにその後の慶長四年（一五九九）に、義久・義弘に仕えた重臣伊集院幸侃が誅殺される事件がありましたが、彼は真宗門徒で、秀吉の島津征

伐に味方したスパイとしての断罪だったといわれます。

こうした薩摩藩の真宗禁制を米村氏の第一著書では、

真宗門徒は自国と領主の関係のほかに、もう一つ別の「他国」とつながっている。自国のほかに、もう一つ別の「超国家」を持っている。……超国家でありながら秀吉という中央政府と繋がっている

と評しています。超国家としての真宗ですから、国家としての薩摩藩がそれを禁ずるのは当然でしょう。しかもその超国家真宗が、関白という国家権力と結合したとみなされれば、危険極まりないのが真宗なのです。真宗門徒の国、それは「国」よりも「邦」なのですが、浄土という邦を、国家という排他性を超える場として真宗門徒は持っているのです。

薩摩藩は、外城制という特殊な支配形態をとっていました。領内に百か所以上の外城という藩士の居住地があって、土着した藩士による地域支配が行われていたのです。真宗禁制もこうした体制で厳しく実行されていたのです。それにもかかわらず、隠れ門徒が講を結び本山に志を上納していたことが、西本願寺の『薩摩国記』に見えています。多数の潜入真宗僧が布教に当たっていました。無涯という日向諸県郡正定寺衆徒が安政四年（一八五七）に捕えられ処刑されました。寛保二年（一七四二）頃に出水で摘発があり、数百人が捕えられました。残党千七百余といいます。朝鮮人陶工の居住地として有名な苗代川では、天保十四年（一八四三）の法難で本尊二千幅が発見され、門徒過人十四万人

といいます。大谷派京都唯明寺の僧法雲は天保元年に潜伏布教し、その記録『歳々録』には鹿児島城下で講七十余、信者十四万人と伝えています。

三、人吉山田村伝助の殉教

真宗禁制によって、隠れていた真宗門徒が多く処刑されました。隠れて念仏した洞窟などの遺跡が所々に残されています。密やかに信心が相続され、そのことが伝承されましたが、信心の様相などを伝える文献史料がほとんど残されていません。薩摩藩の隣の、肥後人吉相良藩もまた、真宗禁制を貫いた藩で、ここでも多くの門徒が処刑されていました。その相良藩の『万雑録』（『相良家史料』一）に、寛政八年（一六九六）の事として、真宗門徒の処刑のことが記録されています。

一向宗の儀は、毎年申し渡し候、禁制の第一、切支丹宗に並べ、往古よりの御大禁に候処、山田村、大村、大畑村にて右宗旨信仰の者これあり、それぞれ咎め申し付け候、中にも山田村伝助、亡父より信仰の者にて、家内仏像を安置し、説法と号し、其の元慥かならざる儀を説き聞かせ、人を勧誘し、講を企て、金銀を取り集め、年々他国の寺院に相納め、父子相続て御大禁を犯し候、本人に付き獄門に行わせられ候、

岡崎秀善述『熊本県球磨郡真宗開教史』（昭和四）にもこの史料が載せられています。山田村（現、

山江村）の伝助は父子相続いての真宗信者で、説法をし、講を結んで集めた金銭を本山に上納するというように、真宗禁制を犯したことによって獄門にさらされたというのです。薩摩の千代女と異なり、藩の記録に明確に残されていて、明らかに実在の人物です。米村氏の第一著書にも伝助のことが紹介されています。

山田村伝助なる毛坊主がいて、仏飯講を組織し、絶えず流浪しながら伝道布教し、隠れ念仏の夜間の法座で集めた志納金を本山へ届け、帰国時に国境で捕縛されたのです。相良藩は伝助に棄教を迫りました。「だが伝助は転ばなかった。ただ「如来大悲の恩徳を謝すのみ」と、伝助は弥陀如来への感謝を以って刑に従った。時に天明二年（一七八二）八月十九日。行年六十歳であったという」。「最も根元的な信心のありようが、禁じられたがゆえに、民衆のあいだに脈々と底流し続けるのである」と米村氏は評している。

伝助はなぜ念仏を棄てなかったのでしょうか。それは、「根元的な信心のありよう」によっていると米村氏はいうのですが、それはどのような事柄を指すのでしょうか。伝助の言葉を伝える史料が全くありません。

ただ一つ、『熊本県球磨郡真宗開教史』には、伝助は宗門奉行が転宗したら助命しようと迫ったのに対して、「私の称名念仏は、弥陀の御方便によるもので、私一存の計らひではない、（中略）念仏を絶ち、仏像を焼いた処で、内心の信心は消燼し得べきものではない」と述べたと記されています。地元では、伝助の信心をこのように伝承してきたのです。これを米村氏は、次に見るように「賜りたる信心」と捉えています。

これらの元になる史料を求めて、私も人吉近在を訪ねたのですが、やはり見つかりませんでした。山江村歴史民俗資料館に伝助の展示があり、そこには右の『熊本県球磨郡真宗開教史』の文章が記されていました。山江村には、この他にも伝助の遺跡が伝えられています。先の相良藩の史料に親子二代にわたっての信仰者であったと記るされていますが、実は三代にわたる殉教者であったと思われます。米村氏がこのことを明らかにされました。山江村には合戦ケ峰というところに「伝助翁殉教之地」という石碑が立ち、そこからほど近くにある子孫の下村家墓地には、三代の墓碑が立っています。これとは別に伝助の首塚という遺跡もありました。三代にわたる殉教とは、何とものすごいことですが、それを禁教下で語り伝えた人びとの信心もまた、賜りたる信心の本領が発揮されたというべきでしょう。

そこで、米村氏の第一著書へ戻ります。

伝助は、なぜ念仏を棄てなかったのか。
それは伝助自身の節操のゆえではない。
伝助自身の指導者としての悲壮な決意とも思われない。
それは真宗の根元的な教えに繋がるものであった。真宗に於ては弥陀の救いとその信心は、自らの手で、自らの行によって摑み得るものではない。もし自らの手によって摑めるほどのものであるとするなら、それは、迷いであり、自己によるはからいでしかない。人間は宿業の身である。仏には決して救われることのないという無慚無愧の宿業を抱え持つ。果して、私の、どこに、仏になり得る因があるだろうか。まさに救われざる身としてこの世のなかに放り出されている。そのような存在の身に、不思議にも、救いは仏の側から結び合わされる。親鸞は、これを「如来より給わりたる信心」という。

「給わりたる信心」という言葉は、『歎異抄』の後序に、「源空が信心も、如来よりたまわりたる信心なり、善信房の信心も如来よりたまわらせたまいたる信心なり」と見えていますが、これが『御伝鈔』上七・信心諍論の段にも、「他力の信心は、善悪の凡夫、ともに仏のかたよりたまわる信心なれば、源空が信心も、善信房の信心も、更にかわるべからず」という言葉として見えています。法然と親鸞の信心は同じである、それは仏からいただいた信心だからだ、という言葉です。

伝助の殉教はまさしく、この「如来より給わりたる信心」のゆえに起ったのである。自分が自分の修行によって摑んだ信心ならば棄てよといわれて棄てもしよう。だが、伝助にとって、伝助の信心は、あくまでも仏の側から結び合わされたものである。いかなる力をもって棄てよと言われても、棄てようがないのである。（中略）これを自然法爾という。

伝助にとっては殉教しなければならぬという大義が何一つ成立しない。如来の救いに捕らわれ切った愚直さゆえに、伝助は処刑されるよりほかになかった。だからこそ、首をはねられる時の言葉が、ただ如来大悲の恩徳を謝するのみとしか言わない。

だから、この場合、殉教という言葉を使うこと自体が間違っているとも言える。強いて言葉を探れば「非殉教の殉教」というべきである。

このような米村氏の解釈に、これ以上付け加える言葉が見つかりません。ただ殉教という言葉はキリスト教の殉教を指すもので、「人もし我に従い来らんと思わば、己をすて、己が十字架を負いて我に従え」、「キリストの神性を信じるものは、その信仰を己の血を以て証明する栄光を担えという命令に外ならない」（マタイ伝）という、血による信仰証明です。それと賜りたる信心の殉教とは明らかに意味が違っています。千代女が「御戴せにあづかりし信心に候得ば」と信心を棄てることができないといって処刑されたのとは異なります。

四、江戸での松虫鈴虫・住蓮安楽——殉教物語の展開——

最後に、先ほど棚上げにした松虫・鈴虫、住蓮・安楽の物語との関連を考えます。この物語は『法然上人行状絵図』に見えているのが原型で、鎌倉時代の物語です。念仏禁制となったにもかかわらず、御所の女房であった松虫と鈴虫が法然上人に帰依して念仏し、後鳥羽上皇が熊野詣に出た留守に出家したかどで咎めを受け、また住蓮と安楽という法然上人の弟子が、御所近くで高声に念仏して処刑された物語です。つまり鎌倉時代に念仏弾圧で処刑された、殉教した物語なのですが、それが江戸時代になっても語り継がれ、江戸の初期に『しんらんき』や『浄土さんたん記並おはら問答』という浄瑠璃として出版された本にも語られていました。後期になると出版された『親鸞聖人行状記』『親鸞聖人御一代記』などにもこの物語が載せられ、広く読み継がれていました。『しんらんき』では、住蓮、安楽が処刑されたとき、

すでに御首を打ちをとす、あらふしぎや、御くび前にとんでおちて、ねんぶつ三返となえ給えば、人〳〵さてもきたいのためしこれ也と、心にねんぜぬはなかりけり（中略）ふしぎなるかな二人のたち取、一人はちをはき、今一人はあわをふいて、いつくみになつてふしたりける、（中略）御そうのくび、一人はごこうさし、今一人は、御くちより、しようれんげいでて、ぼさつも爰にらいごうあり、人々此よしみたまいて、有がたし〳〵、これはひとえに、ぼさつにてましますとて、みなおがまぬ人こそなかりけれ

というように、奇瑞が起こったと説かれています。

誉田慶信氏は「二つの法難コンテクスト」という論文で、「禁制という状況下、それに意識的に抗する行為者として住蓮らを描いている」として、この物語を民衆神学の形成と捉え、「絶望的状況から菩薩来迎への劇的な転換、殉教の場を大勢の民衆が目撃」、「殉教物語として民衆によって語られて

いった」と評しています。つまり住蓮・安楽の物語は、真宗門徒にとって念仏弾圧無効の物語として、語り継がれていたのです。千代女の殉教に、人びとが住蓮・安楽の物語を重ね合わせたとする『妙好人伝』の記述は、このような民衆神学を踏まえてのことなのです。

江戸の真宗門徒は、ただ従順に王法に従って念仏を内心に隠していたのではありません。王法に従いつつ、賜りたる信心をもって、王法を無効にしていた、したがって、国家もまた内心において超えられていたことを示しています。真宗は、やはり江戸の他者だったのです。

誉田論文によれば、『正源明義鈔』という十六世紀初までに成立した本の「第五　住蓮最後の事」には、住蓮は、法然流罪確定の後に内裏近くで禁制中の高声念仏を唱えたことによって入獄し、近江馬渕で処刑されたが、高声念仏を咎める役人に「彼ら王位にのぼるとも、死せば悪趣にかへるべし」と、念仏に敵対するなら王といえども死後は地獄といったと記され、思想弾圧に立ち向かったという。第二章で見た任誓の、「帝王さへ信心取らねば地獄」との言葉と相通じています。

史料
『妙好人伝』
『大系真宗史料伝記編8妙好人伝』法藏館、二〇〇九

参考

桃園恵真『薩摩藩真宗禁制史の研究』吉川弘文館、一九八三
米村竜治『殉教と民衆―隠れ念仏考―』同朋舎、一九七九
同『無縁と土着―隠れ念仏考―』同朋舎、一九八八
誉田慶信「二つの法難コンテクスト」(『中世の地域と宗教』吉川弘文館、二〇〇四)

第四章　信濃の小林一茶

地獄の上の花見かな――煩悩の俳諧師――

はじめに――一茶の評価――

今回は、有名な俳諧師・小林一茶を取り上げます。一茶が熱心な真宗門徒であったことは、案外に知られていません。あるいは知っていても、それが一茶という人間を見る視点、あるいはその俳句を理解する視点とされることは稀です。藤沢周平の『一茶』（文春文庫）、田辺聖子の『ひねくれ一茶』（講談社文庫）など、現代の有名作家が一茶を描いていますが、ほとんど真宗のことが触れられていません。藤沢周平の一茶は、「親密さと平明。典雅の気取りとは無縁の独自の世界」、「全発句、生涯二万。尋常ならざる風狂の人」（文庫カバーの文）、田辺聖子の一茶は、「ひねくれと童心の屈折の中から生まれた、わかりやすく自由な、美しい俳句」（同）というものです。

現代俳壇の大御所の金子兜太は、『荒凡夫一茶』という著書のなかで、「人間は本能のままに生きることが一番幸せだ。一茶はそのことを「荒凡夫」という言い方で表現しているんだ」、「それが最高の自由だ」と、自由人一茶と捉らえました。一茶が六十歳の正月に作った句に書き添えた文章に「荒凡夫のおのれのごとき」とあるのは、「煩悩のままに、愚のうえに愚を重ねて生きてきた。これからも愚を重ねて生きていくしかない」という意味を読み取ったのです。これが真宗の「他力本願」からきているのかと僧侶に尋ねても、はっきりしなかったとも書いています。金子自身がこれを真宗と見ながら、真宗が一茶の根幹に座っていると判断することを避けているようです。現代で、一茶に真宗を見ることの意味が見出せなかったのでしょう。

でも、一茶を江戸の真宗門徒の一人として取り上げますと、これまで見えなかった一茶の新たな姿が浮かび上がってきます。一茶の俳句も、真宗というフィルターを通すと、本当の味が出るように思います。それだけではなく、一茶の句が現代に持つ意味が真宗を通して見えてくると思っています。また、前回までの、支配者や権力という他者との関わりでの真宗と異なり、日常生活では真宗自体が世間の他者であることを取り上げることになります。

一、やさしい一茶

一茶の真宗に触れる前に、誰でも知っている有名な俳句をいくつかあげてみます。一茶の句は多くの書に収録されていますが、ここでは『一茶俳句集』（岩波文庫）を基本として、番号と年次を付記しました。

我と来て　遊ぶや親のない雀（１０８２・文化十一）

ご存知ですね。この句を見ると、いつも思い出すことがあります。もう六十年以上も昔になりましょうか、三遊亭痴楽という落語家がいまして、「我と来て遊べや彼氏のない娘」、痴楽純情歌集より、とやっていました。痴楽では、恋人のいない娘、可哀想な娘への思いやり、というよりは、恋人がいないかわいそうなのは痴楽自身なのですが、一茶でも、楽しそうに群れている雀たち、そこに入れないのが一羽いたのでしょうか、これを親のない雀と見たところに一茶の独創があるのですが、一茶が自分の身に引き当ててそう思ったのでしょう。一茶が親なしの思いを持っていたことは、あとでまた触れることになります。

雀の子　そこのけ〳〵　御馬が通る（１５３５・文政二）

これもよく知られた句です。この御馬は侍の乗った馬なのです。そこのけそこのけと傍若無人にやってくるのは侍たちなのです。あぶないよ、はやくよけろ、よけろ、雀の子というのは、侍に痛めつけられる弱い人びと、そこへ視線が向いています。

痩蛙　まけるな一茶　是に有（１２９１・文化十三）

やれ打つな　蝿が手をすり　足をする（１７２９・文政四）

同じように、弱いものへの愛情ですね。ユーモラスで、ちょっと悲しくって、という俳句です。蛙も蠅も小さな〈いのち〉を精一杯に生きています。〈いのち〉あるものへの情愛といってよいでしょう。

なぜ一茶は、こんなにやさしいのでしょうか。信州（長野県）の柏原という田舎の村の百姓で、雀や蛙というような小動物と身近に接していましたから、それらに愛情を注いだ、というように見られています。それだけではないように思います。

一茶の原点を探るために、幼少期を年表風にしてみました。

誕生　宝暦十三（一七六三）　信州水内郡柏原の小林弥五兵衛・くにの長男弥太郎に生れる
三歳　明和二（一七六五）　母くに死去、祖母に養育される
八歳　明和七（一七七〇）　父、さつと再婚
十歳　安永一（一七七三）　弟専六誕生
十四歳　安永五（一七七六）　祖母かな死去
十五歳　安永六（一七七七）　江戸へ奉公に出る

一茶は三歳のときに母親を亡くして、おばあさんに育てられ、八歳のときに継母を迎えます。随分つらい思いをしたようです。最初にあげました「我と来て」の句は、五十七歳で著した『おらが春』（文政二年〈一八一九〉岩波文庫）に見えているのですが、それには、

「親のない子はどこでも知れる、爪を咥《くわ》えて門に立」と子どもらに唄はるゝも心細く、大かたの人交りもせずして、うらの畠に木・萱など積みたる片陰に跼《かが》りて、長の日をくらしぬ。我身ながらも哀也けり。

我と来て遊べ（ぶ）や親のない雀　六才　弥太郎（1082・文化十一）

と、前書きがあって、六歳のときの思い出として詠んだと書かれています。弥太郎は一茶の幼名です。五十七歳の老齢になっても、淋しかった子どもの頃のことが頭を離れない一茶です。

この句に続いて、

昔、大和国立田村にむくつけき女ありて、まゝ子の咽を十日程ほしてより、飯を一椀見せびらかしていうよう、「是をあの石地蔵のたべたらんには、汝にもとらせん」とあるに、まゝ子はひだるさにたえがたく、石仏の袖にすがりて、しかぐ〵ねがいけるに、ふしぎや、石仏大口を明てむしぐ〵喰い給うに、さすがのまゝ母の角もぽっきり折て、それより我うめる子とへだてなくはごこみけるとなん。其地蔵ぼさち今にありて、折々の供物たえざりけり。

ぼた餅や　藪の仏も　春の風　一茶（1052・文化十一、「藪の仏」は「地蔵のひざも」）

という挿話を記しています。大和（奈良県）斑鳩町五百井の日切《ひきり》地蔵尊のことで、俗称まゝ子地蔵といわれています。一茶は寛政七年（一七九五、三十三歳）頃に実見しています。このお地蔵さんに一茶は、春の風のようにやさしかった祖母の面影を見ているのです。

祖母が一茶十四歳のときに亡くなりますと、父弥五兵衛は、十五歳の一茶を江戸に奉公に出しました。幼年から少年期にかけて、実母を失い、継母にいじめられ、祖母に育てられた経験が、親のない身という悲しみの表現となって、一茶の生涯を貫くものとなりました。親のない子の悲しさ、それが小動物との共感となり、やさしい一茶となったとみることができます。

二、一茶と真宗という視点――「ついの栖」と雪と煩悩――

さて、一茶という俳人のやさしさから話を始めましたが、今回、一茶を真宗門徒の一人として取り上げます。一茶と真宗というと、意外な感じを受けられるのではないかと思います。私も初めは一茶が門徒だったことを知りませんでした。ただ、面白い俳人だなーと思っていまして、

是がまあ　ついの栖《すみか》か　雪五尺（870・文化九）

という俳句が気に入っていました。一茶の代表的な句の一つなのですが、雪国で生涯を過ごす感慨というような解釈では済まないと、何か引っかかっていたのです。そうして一茶が真宗門徒であると知ったとき、これは真宗の信心からではないか、と感じました。それが一茶を真宗で読んでみるという出発点になりました。それで、少し調べてみたのですが、この句を真宗で解釈したものは見当たりませんでした。一茶研究では真宗からの視点で研究がなされていないのです。

それでも、一茶研究をあさってみた結果、一茶を真宗で理解しようとした研究が見つかりました。社会学者にして真宗僧の大峯顕氏と仏教学者早島鏡正氏です（他にもおられますが省略）。委しくは後に触れますが、これらではこの「ついの栖」の句が問題になってはいません。「雪五尺」とあります雪ということについて大峯論文では、

一茶の故郷は何よりもまず、北国の雪というものに象徴されうるだろう。柏原の雪は、江戸の風流俳人がよろこんだ美しい雪月花の範疇をはみ出す。それは、秋から春まで長いあいだ人々を閉じこめ、人々に忍耐と貧困を強制する「悪いもの」である。そんな悪いものが天から降ってくるのである。

と、風流な雪ではないと解釈をしているだけで、真宗への視点はありません。

一般的にどのような解釈がされているのでしょうか。宗左近氏は「ついの栖」の句について、深い雪のなかが、この俳人の生涯の住居であり、それがそのまま墓所です。雪をぬきにしてこの俳人は存在しない。

と、墓所という観点から解釈しています。「ついの栖」は「生涯の住居」ですが、「そのまま墓所」というのはいささか飛躍です。「ついの栖」とは、たどり着いた最終的な居場所、死ぬまで生きる場所、であって、墓所ではありません。しかも『七番日記』にこの句を転載して、

六十になりけるとし人々賀の祝せよということのうるさくて

鶴もいや亀もいや松竹もいや
たゞの人にて死ぞ　目出度　　同（蜀山人）
是がまあ　ついの栖か　雪五尺
ほち〔や〕〳〵と　雪にくるまる　在所哉（871・文化九）

と記しています。蜀山人が還暦の祝を嫌がって詠んだ狂歌を引用して、ただの人で死ぬこそ目出度いと、長寿が目出度いのではないといいました。そして、ただ人として生きる住処が雪五尺の地である、そこは「ほちゃほちゃ」と、「ふっくらと愛らしいさま」（『広辞苑』）という意味ですから、雪五尺の「ついの栖」をいとおしむような思いで見ています。たどり着いた究極の場所をむしろ、いつくしんでいます。

さて、私の解釈です。たどり着いた最後の場所は深い雪の中ということでは一致します。都会人や南国の人びとにとって雪は風流なのです。雪国に生まれ育った私は、「うつくしか！」という旅行者の声を聞いて、腹が立ったものです。ここに住んでみろ！　と。雪は重く、冷たく、そこでの生活は、辛く苦しく、忍耐するしかない。雪とは、苦しみをもたらし忍耐を強いるものなのです。

でもその雪に人びとは「ほちゃほちゃ」とくるまって、その苦しみもそのまま引き受けてそこで生活するのです。そこが究極の地であると一茶は気づきました。苦しみの根源でありながら、そのなかに喜びも楽しみも包み込んでしまう、生活の根源となるものが雪なのです。それを煩悩というのではないでしょうか。苦の源、楽しみの根源、それが煩悩です。たどり着いて見れば、ここもまた煩悩の燃えさかる娑婆であった。最後まで煩悩のなかで生きてゆかねばならない、それが蜀山人のいう「たゞの人にて死」でしょう、そのような慨嘆と決意がここに込められています。端的に、降り積もった五尺の雪は、私の身の上に、人びとすべてに積み重なった煩悩だと思います。それを娑婆というなら、煩悩の娑婆を究極の住処と見定めた句なのです。のちに見ますが、「ついの栖」は故郷のことでしょう。トポス、生きる意味を見出せる場、です。それが煩悩に包まれ、苦の根源ともなるが、「ほちゃほちゃ」と愛らしくいとおしい場なのです。

雪五尺は降り積もった煩悩の重みをいうのです。ただ残念なことに、雪を煩悩とする用例が一茶の句にも、一般的にも発見できませんでした。「煩悩の犬」というように、つきまとって離れぬものとしての犬、「煩悩の雲」という真実を覆い隠す雲、という用例はありますから、まとわりついてはなれず、すべてを覆い隠す煩悩としての雪、というように、雪を煩悩にたとえてもいいのではないか、などと考えています。

三、故郷と罪業

「ついの栖」を煩悩の雪に覆われた場と考えるにはそれなりの理由があります。それを明らかにするためにも、一茶の年譜を続けて見ておく必要があります。

二十五歳　天明七（一七八七）　葛飾派三世素丸の内弟子となり、小林竹阿（二六庵）にも師事

二十八歳　寛政二（一七九〇）　菊明坊一茶と号し、二六庵を襲名

二十九歳　寛政三（一七九一）　最初の帰郷

（中略――この間、たびたび西国行脚、畿内で交流）

三十六歳　寛政十（一七九八）　一旦帰郷

三十九歳　享和元（一八〇一）　帰郷し父弥五兵衛を看病、死去、相続争い

四十五歳　文化四（一八〇七）　父七回忌に帰郷、遺産相続難航

四十六歳　文化五（一八〇八）　祖母三十三回忌に帰郷、弟と遺産折半契約

四十八歳　文化七（一八一〇）　帰郷して遺産再交渉

五十歳　文化九（一八一二）　柏原へ帰り借家住まい（「ついの栖」）

五十一歳　文化十（一八一三）　父十三回忌、弟と和解して遺産半分を相続

三十九歳で父に別れて、本当に親なし雀になりました。それからが地獄でした。弟との相続争いです。父の十三回忌、五十一歳まで延々と続いた争いでした。五十歳の文化九年十一月に、長年の江戸生活を清算して故郷に帰り、借家に住んだのですが、その故郷は、義母・腹違いの弟との熾烈な財産相続争いの場でした。煩悩の修羅場であったのです。故郷は遺産相続争いの巷、これが「ついの栖」

なの「か」との思いが一茶を悩ましたでしょう。相続争いの最中の句（文化七年、四十八歳）です。

古郷《ふるさと》や　よるも障《さわ》るも　茨の花（628・文化七）

故郷は人を刺す茨の花でした。争いが終わっても、文政二年（一八一九）、五十七歳に、

古郷は　蝿すら人を　さしにけり（1627・文政二）

と詠んでいます。争いの場としての故郷という、強い思いが見られます。

一茶は、十五歳で江戸に奉公に出て、二十五歳頃から俳句に身を立てる道を見出し、苦労の結果ようやく俳句で生活できるようになりました。しかしそれは流浪の日々でした。俳句の師匠で身を立てるとは、金持ちの風流人の俳句の添削をして礼金を貰う生活を意味します。座して待っていては金になりません。田舎の風流金持ちを訪ねて居候して添削をして、礼金を貰って次の金持ちを尋ねて行く。そんな旅暮らしです。江戸へ帰って来てみると、家賃を払わないので、借家には別の人が住んでいた、そんな生活なのです。どこにも安住の場はありません。安住できる場、自分がいるべき場所＝「ついの栖」＝トポス、それを見つけることが一茶の念願でした。「故郷」や「ついの栖」という言葉は、そのような思いからの言葉です。

「ついの栖」は、安住の場であるはずだったのです。故郷がそうであり、雪五尺は承知の上のことでした。しかるに、そこもまた「茨の花」、煩悩の渦巻く娑婆でした。それを、「これはまあ」と詠嘆しているのです。ここもまたそうだったのかと、半ばあきれて。でも一茶は、ここここそ「ついの栖」

と受け止めます。煩悩の娑婆にしか生きられないのが人間なのだと。

ここには、「証知生死即涅槃」（正信偈）、「煩悩成就凡夫人」（文類正信偈）という真宗があります。一茶が信心の人であったからこそ、このような俳句が詠めたのです。親鸞は、「とても地獄は一定すみかぞかし」（『歎異抄』二条）と言い切りました。地獄が「ついの栖」です。見つけてみたら地獄でした。でも「久遠劫よりいままで流転せる苦悩の旧里はすてがたく、いまだうまれざる安養の浄土はこいしからず」（『歎異抄』九条）です。娑婆は「苦悩の旧里」といわれます。故郷は苦悩の世界なのですが、そこにしか住めない私、離れたくない私があります。安住できる「ついの栖」をさがしてみたら、これだ、と思ったが、そこもやはり地獄だった、煩悩の雪五尺の場であった、煩悩の娑婆にしか住めないのが私ですと一茶はいうのです。そこに、深い嘆きと共に、往生極楽への思いがあります。煩悩まみれでしか生きられない私を、必ず救い出すという弥陀の本願への、強い思いがあるのです。

故郷が「ついの栖」でありながら地獄でもあったことは、一茶の句に特徴的な罪の意識の句に現れます。

人のなす　罪より低し　雲の峯（全集二七一頁・文政九、岩波文庫の句集に収録なし、『一茶全集』第一巻による。以下の「全集」と付記した句も同じ）

何と、もくもくと盛り上がる入道雲よりも、私の罪業のほうが高くそびえたっている、というのです。これは最晩年の句ですから、一茶は命終わるまで罪の意識を持っていたのです。罪業意識は遺産争いの時期の文化年間の句に集中的に見出されます。文化七年二月には一茶は江戸にいて、相続争いから離れていたのですが、それにもかかわらず煩悩の世を詠じていることが『七番日記』（岩波文庫に窺えます（番号不記は岩波文庫句集に収録なし）。

トン欲も　連れてちれ〱　山桜（文化七）
花さくや　欲のうき世の　片隅に（５９４・文化七）
咲くからに　罪作らする　桜哉（文化七）
山桜　人をば　鬼と思うべし（同）
腹中の　鬼も出て見よ　花の山（同）

煩悩が貪欲となって住み着いた罪業故に、人は鬼だと意識されます。桜花は、見事に咲いて人びとを浮かれさせる煩悩でもあり、すぐに散ってゆく無常でもあります。煩悩と罪業と桜花が一体混然となっています。桜花が仏なら、煩悩即涅槃、煩悩・罪業と仏とが一体になっている句ではないでしょうか。

以下、アットランダムに拾い出しますと、

花の雨　ことしも罪を　作りけり（全集二〇九頁・文化四）
世の中は　地獄の上の　花見哉（文化九）
おそろしや　寝あまり夜の　罪の程（文化十）

うそ寒や　只居る罰が　今あたる（文化十一）

寝て涼ム　月や未来が　おそろしき（文化十五）

貪欲と罪と自分の腹中に住む鬼を見出し、にもかかわらず桜に浮かれると懺悔し、月の光に照らされて、罰が当たって未来は、地獄は必至と恐れるのです。

四、父弥五兵衛は妙好人

子どもの頃に家を離れ、江戸という真宗に縁が薄い土地で暮らした一茶が、どこで、どうして、このような真宗的な煩悩と罪の意識に到達したのでしょうか。そこに、幼い頃から聞き知って身に染みついた真宗のはたらきを見たいのです。

一茶という俳号にしても、二十九歳のときに「泡の消えやすきものから、一茶坊」と名乗ったとしていますが、どうも蓮如の御文が典拠ではないかと考えています。有名な白骨の御文に、

それ人間の浮生なる相をつらつら観ずるに、おおよそはかなきものはこの世の始中終、まぼろしのごとくなる一期なり。されば万歳の人身を受けたりという事をきかず。（中略）我やさき、人やさき、きょうともしらずあすともしらず、おくれさきだつ人はもとのしずく、すえの露よりもしげしといえり。朝には紅顔ありて夕べには白骨となれる身なり（後略）

ここに示された「はかなきもの」「まぼろしのごとくなる一期」という無常観が、「消えやすき」―泡―茶という連想の底にあるような気がしています。一茶は、御文の文章を幼い頃から聞き知っていて、いつしか身に染みついていたのではないでしょうか。自分の家の「ついの栖」を「俳諧寺」と名づけ、女房を「坊守」と呼んでいました。在家の坊主に変わらぬという自己認識です。六十五歳で死んだとき、法名はそのまま「釈一茶不退位」だったのも一茶の意志からでしょう。

一茶の真宗は、熱心な念仏者だった父親の弥五兵衛から受け継いだと考えられます。妙好人ともいうべき篤信者の父に育てられ、真宗がいつしか身に染みついていました。一茶三十九歳の享和元年四月、病気の父の看病に故郷に帰ります。そのときの日々の有様を、『父の終焉日記』（岩波文庫）として残しました。

廿八日（父の発病六日目）　晴　祖師の忌日なりとて、朝とく嗽《くちすす》ぎなどし給うに、熱のさはりにもやならんと止むれども一向にとゞまり給はず。御仏にむかい、常のごとく看経なし給うに、御声低う聞ゆる、いかうおとろえ給う後姿、心細うおぼゆ。

二十八日は親鸞聖人の御命日です。その日に御勤めをする門徒の姿があります。病を押して御勤めをすること常の如しでした。

（五月）三日（発病十日目）　晴　……今迄神仏とものたのみし医師に、かく見はさるゝ上は、秘法仏力を借り、諸天応護のあわれみを乞んと思えども、宗法なりとてゆるさず。只手を空うして、最後を待より外はなかりけり。

一切の神頼みをしないという門徒の姿があります。親鸞聖人の現世利益和讃に「諸天善神ことごとく　よるひるつねにまもるなり」とありますが、それは「南無阿弥陀仏をとなうれば」の上のことです。念仏者を諸天善神が守るのですが、病気を治すのではありません。太宰春台という儒学者が、「一向宗の門徒は、弥陀一仏を信ずること専にして、他の仏神を信ぜず、如何なる事ありても祈禱などすること無く、病苦ありても呪術符水を用いず」（『聖学問答』）と驚いた姿がここにあります。儒者から見れば、真宗門徒は理解しがたい驚嘆すべき他者だったのです。一茶もまた真宗門徒として、父の病気治癒を神仏にたのむことはしませんでした。

六日　天晴　……こしかたの物がたりなど始め給いけり。「……今年は我も二十四輩に身をなして、かの地にして一度汝に巡り逢い、相果つるとも汝が手を借らんとおもいしに、こたびはる〴〵来りて、かかる看病こそ浅からざるえにしあれ。此度往生とげたりとも、何の悔かあらん」と、はらはらと落涙

弥五兵衛は、親鸞聖人の旧跡二十四輩巡拝を念願としていて、一茶とともに巡りたいと考えていたのです。でも一茶の看病を受けて往生するなら、思い残すことはないと覚悟を定めています。

十六日（二十三日目）　……又ある人枕元により添、「往生の大事忘れ給うな」と、念仏を病人に進め、おのれもたか〴〵ととなうる人あり。父の本復うたがひなしと力を添る人は、詞のつやな

がらもうれしく、往生をすゝむる人は、誠かはしらねどもうらめしき。いづら（どうせ）聖の教もとどかざる里（の）ならひ也。家内の輩、弟を始めとして「父は今往生とげられなば、よき世の仕舞」などとささやきあう。一人として父の本復ねがうものなし。只邪見キウマンの咄のみにして、昔老たる姥を捨けん遺風ともしられたり。

見舞いに来た真宗門徒の人が、病人に往生の一大事をいい、念仏を勧め、己も念仏しております。それに接した一茶は、慰め言葉にせよ本復疑いなしという人を嬉しく思い、往生を勧める人を恨めしく思います。教えの届かない田舎の風習とまでいうのは、一種の皮肉でしょう。同じように本復を願わない家内の人びとを「邪見キウマン」とののしり、姥捨ての風習と見て恨めしく思うのでした。「邪見驕慢」は正信偈の文言です。聞き覚えで「驕慢」の字が思い出せなかったのでしょうか。「邪見驕慢」は「悪衆生」と続くのです。

十九日（発病二十六日目）……夜も五更とおぼしき比《ころ》、……父うるはしく目をあき給い、「い、い、いなん。連れて歩め」と云るゝ。「いづくへばし行給うらん」と問いければ、「いうにやおよぶ、至心々経欲生我国」と、病なき時の声のごとく、たから〳〵にとなえ給う。心にかゝる事ばし（の）給う物哉と、心におもえども、うは言にもやあるらんと、心をすまし居たりける。「いざ行かん〳〵」としきりに（の）給えば、我も起すまねびをして、「いざ行かん」と（の）給う。我も「いざ〳〵」と、四度、七度、九度、「いざ〳〵」とばかりいえば、又やすく〳〵と眠り給いき。後におもえば、是ぞ物の（の）給い終、おもえば辞世にてありし也。

「至心々経」は「至心信楽」の誤りで、正信偈に「至心信楽願為因」とあり、無量寿経の弥陀の第十八願「設我得仏、十方衆生、至心信楽、欲生我国、乃至十念、若不生者、不取正覚」のなかの言葉で、弥陀の本願を信じて往生決定の身を喜ぶことです。弥五兵衛はこの第十八願の言葉で、極楽へ「いざ行かん」と、強烈な往生の願いを表現しているのです。往生の確信といってよいかと思います。『教行信証』信巻・真仏土巻に見える善導の言葉、「帰去来《いざいなん》、魔郷には停まるべからず」という言葉を連想します。陶淵明『帰去来辞』、「帰りなんいざ、田園まさに荒れなんとす」に連なる言葉で、帰るべき故郷としての浄土が意味されているのです。この日記は、後年にかなり手を入れたものとされていて、一茶三十九歳のときの信心そのものではないようですが、一茶が「いざいなん」という言葉を知っていて補充した可能性があります。そうであっても、父弥五兵衛が妙好人ともいうべき篤信者であり、一茶がその信心に深く影響されていたことは、疑うことはできません。

五、『おらが春』——長女さとの誕生と死——

一茶は晩年になって妻を持ち、子をなして家庭生活を送ることができました。略年譜を掲げます。

五十二歳　文化十一（一八一四）生家を弟と二分して住む、菊を妻に迎える

五十四歳　文化十三（一八一六）　四月十四日長男千太郎誕生、五月十一日死去
五十六歳　文政元（一八一八）　五月四日長女さと誕生
五十七歳　文政二（一八一九）　六月二十一日さと死去。句文集『おらが春』を著す
五十八歳　文政三（一八二〇）　十月次男石太郎誕生。中風にかかる
五十九歳　文政四（一八二一）　一月十一日石太郎死去
六十歳　文政五（一八二二）　三月十日三男金三郎誕生
六十一歳　文政六（一八二三）　五月十九日妻菊死去。十二月二十一日金三郎死去
六十二歳　文政七（一八二四）　ゆきと再婚、間もなく離縁。中風再発、言語障害
六十四歳　文政九（一八二六）　やをと再婚
六十五歳　文政十（一八二七）　柏原大火、土蔵で仮住まい。言語障害悪化。十一月八日死

五十二歳でようやく我が家を持ち、妻を迎えることができたのです。現代でも随分遅い結婚でしょうが、当時でも大変に異例でしょう。その心境を詠んだのが次の句です。

五十聟　天窓《あたま》をかくす　扇かな（１０９４・文化十一）

禿げ上がってきた頭を隠す老いた聟、なんともほほえましい俳句で、一茶のうれしさ、てれくささが伝わってくるようです。一茶はすっかり夢中になって、昨夜は何回などと夜の交わりを日記に書いています。

五十四歳で長男が生まれましたが、すぐ死んでしまいました。一年おいて五十六歳の五月には長女さとが生まれました。この女の子も翌年の六月に亡くなるのです。長女さとの誕生と死、それを軸に書かれたのが『おらが春』です。いくつかの文章と俳句が取交ぜになっています。その中ほどに、幼児のさとのことが書かれています。

此をさな、仏の守《も》りし給いけん、逮夜の夕暮に、持仏堂に蠟燭てらして鈴打ならせば、どこに居てもいそがはしく這よりて、さわらびのちひさき手を合せて、「なんむ〳〵」と唱う声、しをらしく、ゆかしく、なつかしく、殊勝也

幼いさとの愛らしさが伝わってきます。逮夜にお勤めする一茶、仏壇にはいよる幼女も、自分と一緒になって仏のお守りをしている、と感じているのです。この「仏の守り」をするという言葉も、今は意味がわからなくなったのかなと思うことがありました。森貘郎という信州で活動されています版画家が、『一茶おらが春板画巻』という訳文と版画で編集した本を信濃毎日新聞社から刊行していますが、そこでこの「仏の守りし給いけん」を「きっと仏さまが守ってくださっているのだろう」と訳しているのです。原文にも「守《も》り」と振り仮名があって、さとが仏さまのお守りをしているかのようだというのであって、さとが仏に守られている、というのではありません。仏さまのお守りする、というい方は真宗門徒では一般的です。阿弥陀如来を安置した仏壇に、灯明をあげ花を飾り仏飯を供えてお勤めをすることを指します。お給仕するともいいますように、仏さまにお仕えすることなので

す。

さとが仏さまのお給仕をしていると思った一茶は、そこから自分の姿を顧みます。

それにつけても、おのれかしらにはいくらの霜をいたゞき、額にはしわ〳〵波の寄せ来る齢にて、弥陀たのむすべもしらで、うか〳〵月日を費やすこそ、二つ子の手前もはづかしけれと思うも、其坐を退けば、はや地獄の種を蒔て、膝にむらがる蝿をにくみ、膳を巡る蚊をそしりつつ、剰《あまつさえ》仏のいましめし酒を呑む。

「弥陀たのむすべもしらで」世を過ごし、殊勝にお勤めをしてもすぐに殺生して酒を飲むという自分の姿に、地獄の種蒔きを見ているのです。先に見ました罪業意識の俳句に「只居る罰が今あたる」とありましたが、ここで「うか〳〵月日を費やす」というのは、まさに只居る罰の姿なのです。あるいはこれも先に出しました俳句「やれ打つな」の句も、命への情愛などと申しましたが、その根底には、蝿を殺しても地獄の種とも気づかない自分、それを教える弥陀の本願を見ているのです。不信心な自分を慚愧しながら、その自分をありのままで救い取る弥陀の本願を慶んでいます。蝿が「手をすり足をする」は、蝿もまた本願を慶んでいると見ているのです。幼な子を鏡として、仏を頼むこともせずに罪業にまどう自分の姿が見えたのです。

ところが無情にもこの愛児が疱瘡を患い、満一歳になって間もない六月二十一日に、あっけなくも亡くなってしまいました。

楽しみ極りて愁ひ起るは、うき世のならいなれど、いまだたのしびも半ならざる千代の小松の、二葉ばかりの笑い盛りなる緑り子を、寝耳に水のおし来るごとき、あら〳〵しき疱《いも》の神に見込れつゝ、今水膿のさなかなれば、やをら咲ける初花の泥雨にしおれたるに等しく、側に見る目さえくるしげにぞありける。是も二三日経たれば、疱はかせぐちにて、雪解《ゆきげ》の峡土《かいつち》のほろ〳〵落るように、瘡蓋《かさぶた》というもの取れば、祝いはやして、さん俵法師というを作りて、笹湯浴《あび》せる真似かたして、神は送り出したけれど、益々よわりて、きのうよりけうは頼みすくなく、終に六月廿一日の蕣《あさがお》の花と共に、此世をしぼみぬ。母は死顔にすがりて、よゝ〳〵と泣もむべなるかな。この期に及んでは、行水のふたたび帰らず、散花の梢にもどらぬくいごとなど、あきらめ顔しても、思い切がたきは、恩愛のきづな也けり。

露の世は　露の世ながら　さりながら　一茶（全集四八〇頁・文政二）

まことに哀切きわまる文章で、一茶の悲しみが伝わってきます。付せられた句は、これも先に挙げました蓮如の白骨の御文の「遅れ先立つ人はもとのしずく、すえの露よりもしげし」を踏まえているのだろうと思います。はかない「露の世」とは知っていたものの、「露の世」の現実、それはあまりにむごい現実であった、「さりながら」、しかしながらと、あきらめきれない自分、という句でしょう。

六、三業帰命説批判

ありのままに現実をそのまま受け止める、と教えられながら、あきらめきれない年も暮れようとします。文政二年十二月二十九日には、

ともかくも　あなた任せの　としの暮（１６５４・文政二年）

と詠みました。借金で首が廻らなくって、もうどうでもいい、あなた任せ、ではないですね。任せた「あなた」は阿弥陀さんです。悲しい年の暮れなのですが、すべてを阿弥陀さんに任せた自分、阿弥陀さんにすべてを委ねれば、仏はそのような自分をきっと救ってくださる、ただ、弥陀の本願を信じ、すがるのみ、という心境でしょう。このように必ず救うという本願を信じ、それに委ねることを「法の深信《じんしん》」といいます。一茶の信心は、ひたすら弥陀の本願に任せる法の深信なのです。

この「あなた任せ」という言葉は、『おらが春』の最初に収録された「普甲寺上人の話」に見えていました。元旦の祝いが世間と自分では異なることをいう文章です。

おのれらは、俗塵に埋れて世渡る境界ながら、鶴亀にたぐえての祝尽しも、厄払いの口上めきてそらぐ〳〵しく思うからに、から風の吹けばとぶ屑家は、くづ屋のあるべきように、門松も立てず煤はかず、雪の山路の曲り形《な》りに、ことしの春もあなた任せになんむかえける。

目出度さも　ちう位也　おらが春　一茶（1515・文政二）

世間では鶴亀に託して長寿を願いますが、おらが春は阿弥陀さん任せで、中くらいの目出度さかな、ということでしょうか。世間から見れば門松も立てない、正月を迎えるすす払いもしない、変わり者なのです。世間から見れば中くらいの目出度さでも、阿弥陀任せが本当に目出度いのだ、暮れも正月も、みなあなた任せ、一年中あなた任せなのです。真宗門徒は門松を立てませんし厄祓いもしませんから、世間からみれば変わり者なのです。先に見ました太宰春台の言葉が、ここでもあてはまります。一茶は、真宗地域以外の世間をよく知っていますので、真宗門徒は世間から見れば他者であると認識していたのです。それは、弥陀にすべてを任せるという信心を根底においているからなのです。真宗という他者が、一茶では、真宗門徒では、それによって生きると内部化され、故郷＝トポスになっています。その内部化された真宗から、世間という他者に向き合っています。流浪＝ノマドの俳人が、内部に故郷を持つことで自由になったのです。金子兜太が一茶に見出した自由人は、真宗から生まれた、と見るべきなのです。

元へ戻ります。今示しました「あなた任せ」の句は、次のような文章の結びに置かれています。

「他力信心〳〵」と、一向に他力にちからを入て頼み込み候輩は、ついに他力縄に縛られて、自力地獄の炎の中へぼたんとおち入候。其次に、かかるきたなき土凡夫《どぼんぶ》を、うつくしき黄金《こがね》の膚《はだ》になしくだされと、阿弥陀仏におし誂《あつら》へに誂《あつらえ》ばなしにしておいて、はや五体は仏染《じ》み成りたるように悪るすましなるも、自力の張本人たるべく候。

この文章について、大峯顕氏は、「他力ということをあまり意識しすぎると、他力が他力というものとして実体的に考えられ、そのように実体化されたものに捉われ、縛られることになる。それが「他力縄」であり、とりもなおさず自力の立場への転落だと一茶は言う」と解釈しています。一茶が批判しているのは、「他力に力を入れて頼み込み候輩」ということですが、この頃、西本願寺学林が唱えた三業帰命説が念頭にあって、それを批判しているのだと思われます。大峯氏のいう他力の実体化、自力への逆転とは、この三業帰命説のことをいうのでしょう。

文化文政期の越後（新潟県）蒲原郡、一茶の住む柏原から蒲原はかなりはなれていますが、その地が三業帰命説で沸騰していたのが伝わっていたのでしょう。身に合掌し、口に念仏を称え、意（心）にたすけたまえと頼む、というように、全身を挙げて帰命しなければ救われないという信心なのですが、それが蒲原地方に盛んに行われていました。この文章が三業帰命説批判であることは、さらに続けられた文に明らかです。

問ていわく、いか様に心得たらんには、御流儀に叶ひ侍りなん。答ていわく、別に小むつかしき子細は不存《ぞんぜず》候。ただ自力他力、何のかのいう芥もくたを、さらりとちくらが沖へ流して、さて後生の一大事は、其身を如来の御前に投出して、地獄なりとも極楽なりとも、あなた様の御はからい次第あそばされくださりませと、御頼み申すばかり也。

自力だ他力だというような議論は、対馬の沖にある日本の境界の「ちくらが沖」へ捨て去って無用にして、「あなた様の御はからい次第」というのが信心だというのです。その上には「地獄なりとも、極楽なりとも」というのは、『歎異抄』二条の「念仏して地獄におちたりとも、さらに後悔すべからず」に通ずる心境でしょう。

如斯決定《かくのごとくけつじょう》しての上には「なむあみだ仏」といふ口の下より、欲の網をはるの野に、手長蜘の行いして、人の目を霞め、世渡る雁のかりそめにも、我田へ水を引く盗み心をゆめゆめ持べからず。しかる時は、あながち作り声して念仏申に不及《およばず》。ねがわずとも仏は守り給ふべし。是則、当流の安心とは申也。穴かしこ。

ともかくも　あなた任せの　としの暮　五十七齢　一茶（1654・文政二）

念仏の舌の根も乾かぬうちに欲の網をはること蜘蛛のようだというのですから、まことに強烈な罪業の自覚です。救われるはずがない者という自覚、それは必ず救うという本願を信ずる法の深信《じんしん》と不可分での機の深信といわれる真宗教学の根幹です。先に、地獄の種を蒔き、誡めに背き酒を飲むというのもそうでした。こうして法と機の深信が成り立てば、すべては弥陀に任せるしかないことになります。弥陀に任せた上は、作り声で念仏することもいらなくなり、とくに願うまでもなく仏のほうから救いが定められる、というのが一茶の信心なのです。

そうすると、めでたさが「ちう位」というのは、世間のめでたさの半分くらいなどという意味ではなく、すべてを任せ切ったた心境をいうことになります。それが「ちう位」と表現された。任せ切れば、めでたいめでたいと大喜びすることもなく、あまりめでたくもないと開き直ることでもない、悠々とした心境を表す言葉だと思われます。あるいは「中」は世間と吉凶に捉われない中道の意味かもしれません。先に見ました「ついの栖」の句の前に蜀山人の「ただ人にて死ぞ目出度」がつけられていましたが、これが中位のめでたさなのでしょう。それは「ついの栖」にたどり着いたことでもあったのです。

七、あなたまかせの信心

一茶の信心の句を拾い出してみましょう。阿弥陀さんからの催促、弥陀の呼び声に応えて、すべてを仏に、ありのままに、任せる姿が見えてきます。

なむあみだ　仏の方より　鳴く蚊哉（全集三七一頁・文政二）

ある註釈に、仏壇の奥から蚊がブーンと出てきたとありました。それは違うでしょう。蓮如上人の御文に「仏の方より」という言葉が再々見えています。「聖人一流の御勧化のおもむきは」で始まる報恩講で拝読されて誰もが知っている御文（五―十）には、「仏の方より往生は治定せしめたまう」という言葉があります。別の御文では、「弥陀如来の御かたよりさずけましましたる信心」（五―十二）ともいわれますように、阿弥陀さんのほうから授けられた信心による往生を意味する言葉ですから、ブーンと飛んできた蚊の鳴き声は、阿弥陀さんが一茶に、念仏申せと喚びかける声なのです。「仏の方より」が一茶の一つのキーワードになっています。

涼しさは　仏の方より　降る雨か（文化七）

はつ雪や　仏の方より　湧く清水（文化七）

雨とともにやってきた涼しさ、それは阿弥陀さんのほうから差し向けられた安らぎなのです。初雪という冬の到来も、阿弥陀さんのほうから差し向けられた湧き水のような清らかな世界だ、このように一茶はすべてを「仏の方より」の差し向けと受け止めます。そうなると、

涼風は　あなた任せぞ　墓の松（文化七）

涼風も　仏任せの　此身かな（文化八）

生きるも死ぬもすべて仏まかせになります。やがて自分も入るであろう墓、つまり自分の命も、墓に植えられた松の木が涼風にゆれるように、生きていることも「あなた任せ」なのです。その究極ともいうべき句が、

涼しさや　弥陀成仏の　このかたは（全集二一四頁・「涼しさや」は「花さくや」を朱引訂正）

です。多分夕涼みのときの句でしょう。暑い夏の日が暮れて、縁台を持ち出しての夕涼み、すーっと涼風が吹いてきました。あー涼しいな、極楽々々、そんな感じの句です。これを、門徒なら誰もが

知っている和讃の第一首目の、「弥陀成仏のこの方は　今に十劫をへたまへり　法身の光輪きわもなく　世の盲冥を照らすなり」と並べたのです。「極楽々々」という感じを「弥陀成仏のこの方は」と表現しました。どうして涼しさが「弥陀成仏のこの方は」なのでしょうか。何となくわかりますね。考えてみましょう。

「弥陀成仏」というのは阿弥陀仏が仏になられたということですが、阿弥陀仏の前身は法蔵という修行者で、一切衆生を救わねば仏にならないと本願を建て、そしてその本願が成就して仏になられた、ということです。一切衆生が救われたとき仏になろう、そしてそれが成し遂げられたというのですから、弥陀の成仏ということは、一切衆生が救われたということ、私が助けられたということです。だから、ありがたいなー、極楽々々、とこうなるわけです。一茶は、すでに「弥陀成仏」によって救われた身と承知していたのです。だから涼風のありがたさを、救われたありがたさと感ずることができたのです。それも「今に十劫をへたまえり」ですから、十劫というはるか昔から、私が生まれる前から、私は救われていたわけです。生まれながらに救われていた私、なのです。

でも、信じられませんね。一向に楽にならない。年齢がいけば娑婆のことからは離れて安楽に暮らせると思ったのに、楽になるどころか生きることが苦になってくる。自分の体のことだけではなく、五濁悪世という時代が苦になります。五つの濁りとは、劫・見・煩悩・衆生・命の濁りをいうのです。劫という時代の濁り、見という物の見方の濁り、煩悩つまり欲望の濁り、衆生という人間の生き方の濁り、命そのものの濁りです。死なないというだけで、意味ある生き方が失われて、むなしく生きる、ただ息をしているだけという、人間の生そのものの虚しさが見えてきます。

「弥陀成仏」でみんなが救われたというけれど、救われない者がいっぱいいる、私も救われたとは思えない。それなのに「弥陀成仏」とは、という難問に行き当たります。では救われるとはどういうことでしょうか。楽になることでしょう。楽になったら救われたと感ずることができますが、一向に楽になっていないから救われていない、こう思うわけです。

そうではなく、救われたと気がつけば、楽になるのです。救われたことに気づかないから苦であり、所詮、救われないような生き方をする自分と居直る。でも、どうしようもない者、どういいようもない、どうしようもない自分と気づかされたとき、「ついの栖」、煩悩の雪が身の丈ほども積もる所、そこで煩悩にまみれて生きるしかない娑婆、ここ以外に、その私以外に、何もない、これが一茶の信心であり、江戸の真宗門徒の生き様でした。

こうして最後に、

柳は緑　花は紅の　浮世かな（全集二四一頁、文政五）

という句にたどり着きます。ありのままに受け止めていく生き様です。

一茶という俳人に真宗の信心が滔々と流れていることを見てきました。特別に信心の勉強をしたわけでもないが、子どものときに親から聞いただけなのです。長らく無信心の江戸暮らしをしながら、それでも忘れることなく、歳とともに真宗が噴出してきたのです。なぜこのことが注目されなかったのでしょうか、学校でも一茶の句は勉強するが、真宗の信心のことは触れられません。信心ということを軽んずる今の世の中を象徴しています。岩波文庫の句集に収録されていない句が多くあることに気づきました。一茶の信心にかかわる句が選ばれていないのです。ここにも真宗を無視する視座を見ることができます。

第一章の慶念、第二章の任誓、第三章の千代と伝助では、権力によって苦難を強いられ、弾圧される内に真宗門徒を見てきました。一茶にそのような苦難や弾圧はありません。しかし娑婆そのものが煩悩の世界として、罪を生み出し、人を鬼とする、地獄なのです。その上で、地獄を見ようとはせずに花見なのです。その意味では、「地獄の上の花見かな」というように、地獄を忘れさせる世間そのものが真宗を抑圧してきます。最も深いところでの弾圧といっていいかもしれません。日常生活での苦闘、そこでの信心という普通の真宗門徒の生活は、生活そのものが信心を鍛える基盤になっているのです。一茶の弱者への共感は、信心が私一人に止まることなく、他者へ向かい、共なる救済を志向したところに生まれたものです。弱い雀や蝿、蛙が成仏することが私の救いなのです。

追記

青木美智男氏という江戸時代民衆史の研究者の、『小林一茶　時代を詠んだ俳諧師』という岩波新書が二〇一三年に刊行されました。〝「君が代」を詠み、「世直し」をうたう〟と本の帯に書かれています。私が述べてきた一茶と全く違う一茶がここに描き出されました。一茶は国学に傾倒して「桜さく大日本ぞ〳〵」とか「君が代や世やとそよぐことし竹」というような「日本優越意識」「自国意識」から、「日本」と「君が代」に「理想の国家像」を具体的に表現し、それと現実社会のギャップを「世直し」に求めたと指摘されました。

たしかに、一茶の句集を読み進めれば、このような句にたくさん出会います。私もまたこれは何だろうかと疑問に思いながら、深く考えずにきましたので、青木氏から改めて問題を提起された思いです。真宗門徒は江戸の他者だといってきましたのに、青木氏は一茶に、国学者が強調したような自国意識を見出したのですから、他者ではあり得ません。他者だからこそ過剰同調したのだと見ることもできますが、それで十分とはいえません。

一茶に認められる自国意識を青木氏は、国学への関心からと説明しています。しかし私見では、一茶に強烈であった故郷願望との関わりから見るべきだと思います。国学が地方で受け入れられたのは、故郷へのまなざしと深く関わってのことです。一例をあげるなら、次回に取り上げようと思いますが、尾張一宮近郊の原稲城という真宗門徒もまた、若いときは国学に傾倒するのですが、その師河村内卿という国学者は郷土への深い関心をもって、用水問題などに関わった人物でした。国学というのは地方にあっては郷土学だったのです。一茶の故郷願望と地方国学の郷土関心が重なり合います。

ところが、一茶は、帰ってみれば故郷は茨のような地、雪五尺の煩悩の里であるとみなすようになります。こうした意識と自国意識は結びつきません。むしろ自国意識、故郷願望が否定されていくのです。

そう考えますと、青木氏が、「一茶は、五十八歳を境に亡くなるまでの七年間、「君が代（世）」を前句とする句を一切読まなくなる」、それはなぜかと問いまして、「一茶自身の心境に何らかの変化があった」と想定し、「君が代を詠むのを躊躇せざるを得ない状況」、大きな社会不安の続発が、一茶の心境を変化させたと結論されます。自国意識は外部情況への対応論となって、それが一茶の内面とどう関わっているのかという問題が残されました。

君が代を詠まなくなったのが五十八歳ですから、故郷に定住して愛児を失った翌年からです。そのような一茶の境遇からは、自国意識、君が代賛美とは結びつきません。しかしこの年代に、愛児を失ったことからの信心の深まりをみればどうでしょうか。「露の世は」のように、一茶の世間観は無常観へ向かい、末世・末法と見るようになったのです。現世を賛美する意識は消滅したでしょう。一茶の自国意識が信心の深まりとともに失われたとみるべきでしょう。こうして信心は真宗が他者であることを再確認するのです。青木氏の「時代を詠んだ俳諧師」という視点は貴重な指摘ですが、惜しむらくは真宗が見えていませんでした。「あなた任せ」の句に愛児を失って「勝手にしゃがれと自暴自棄になる」、「花の影寝まじ未来がおそろしき」の句に地獄が怖くなって目が覚めたとしかいえなかったのは残念です。そのような一茶と自国意識を結んで考えてほしかった。青木氏はこの書を刊行後に急逝されたとのことです。

史料

丸山一彦校註『一茶俳句集』岩波文庫、一九九〇

同　『一茶七番日記上・下』岩波文庫、二〇〇三

『一茶全集』第一巻発句編、信濃毎日新聞社、一九七九

矢羽勝幸校註『父の終焉日記・おらが春他一篇』、岩波文庫、一九九二

参考

大桑斉「小林一茶の信心―「あなた任せ」への道―」（安富信哉博士古稀記念論集刊行会編『仏教的伝統と人間の生―親鸞思想研究への視座』法藏館、二〇一四）

大峯顕「一茶―煩悩の美しき花―」（『浄土仏教の思想』第十三巻、講談社、一九九二）

早島鏡正「俳諧寺一茶の仏教観」（『近世の精神生活』読群書類従完成会、一九九六）

同　『念仏一茶』（四季社、一九九五、ＮＨＫラジオ講座、平成五年）

宗左近『小林一茶』集英社新書、二〇〇〇

金子兜太『荒凡夫一茶』白水社、二〇一二

第五章　尾張の豪農原稲城

我を迎えの火の車——道徳実践から信心へ——

はじめに——超越と土着——

前章での小林一茶に、熱心な門徒であった父から幼い頃から聞かされて、身に染みついた真宗がはたらき出す様相を見ました。祈禱したり門松を飾る風習を持たないと真宗を一茶が語ったのは、真宗が江戸の世界では他者、普通とは異なる存在であったと認識しているからなのです。「地獄の上の花見」と詠んだのも、真宗から見れば地獄とみなされる世間、それを忘れて花見に狂う世間、と詠むことで、世間そのものを批判することになります。世間そのものが真宗に背反し、異なる他者だったのです。娑婆は地獄と、私ならざる他者真宗に教えられ、その他者真宗が身に染みついて私となって、地獄とも知らず花見に浮かれるもう一つの他者娑婆に相対しています。真宗という普遍宗教は絶対他者であって私に超越し、そうでありながら私に定着して、私の住む相対世界の世間に向き合うのです。

普遍宗教といわれる在り方をする宗教は、すべてそうだろうと思います。

身に染みついた真宗ということを、真宗土着といってよいかと思います。真宗という教えは、土着しても他者性を失わないことを意味します。真宗でいえば南無阿弥陀仏というのが他者ですが、その仏は、西方十万億土という遥か彼方におられ、かつ常に我が身に寄り添うという、人間世界ではありえない存在ですから、人間に超越する他者なのです。超越しながら、人びとの日常に住み着き、身に染みついています。こういうように土着しますが、そうでありながら日常に埋没することなく、超越性を保ち続けます。日頃は、超越とも意識されずに住み続けるのですが、何かの機縁によって、その超越性が発揮されることになります。

かつてのお年寄りは、何につけても「南無阿弥陀仏」でした。すべって転んだ、ナンマンダブ、です。道が凍っていて怪しからんでも、足がダメになった情けない、でもありません。ただすべった、転んだという事実があるのみで、それがナンマンダブ、なのです。今から三十年以上も前になりますが、石川県の能登半島の七尾湾で、火力発電所建設反対の漁船の海上デモがあったときに、「南無阿弥陀仏」「一心一向」と書いた旗が翻り、一向一揆の再来だという騒ぎになりました。発電所反対が「南無阿弥陀仏」「一心一向」と表明されたのは、それがそのまま自分たちの思いであり、自分たちが生きる意味であり、ナンマンダブツという真実であるということです。「南無阿弥陀仏」「一心一向」という自分たちが普通に使う、ごく当たり前の言葉として、自分たちの気持ちを一番よく表すことになると、そう人びとが思ったからなのでしょう。人びとに住み着き、土着して日常となった真宗が、発電所建設という日常性を破る非日常性に遭遇したときに、本来の他者性、超越性となって、世間的日常を討つものとして発現したのです。真宗世界以外から見ると、理解しがたい特別な他者なのです。土着しながらも真宗は、他者性、超越性を失うことがないのです。

何か事が起こったときに、当事者の真宗門徒は自分の日常性に真宗という他者が住み着いていると気がつき、改めて真宗と向き合い、それが如何にして自分を支配し、自分そのものになっているのかを明らかにしていく、そういう作業に関わることになります。南無阿弥陀仏は小さいときから言葉として知っていました。それは一体、何を意味するのか、それを称えるとはどういうことなんだろう、と問うことから始めていって、親鸞聖人の教えとしての真宗に出会い、自分たちが求める真実の教えを現しているんだと気づいていく、そういう目覚め方をしていくのが真宗地帯に生まれ育った者が真宗を受け止めていくあり方であろう、このように思います。

一、原稲城との出会い

さて、真宗土着という視点から、幕末の一人の真宗門徒を取り上げます。幕末の激動期に真宗はどう関わったのか、真宗門徒は幕末をどのように生きたのかという観点から、かつて原稲城という真宗門徒を紹介したことがありました（拙著『日本仏教の近世』）。同じ人物を再度取り上げますので、この講演録と一部で重複しますがご容赦ください。そこでは、幕末という時代との関わりという視点で取り上げましたが、そこにも今回と同様に土着真宗の目覚めという視点がありました。改めてその事柄をもう少し掘り下げることにしたいと思っています。

先の講演では、原稲城という真宗門徒を、幕末のいろいろな動きのなかの一つである「ええじゃないか」という大衆運動、それとの関わりに視点を置いて真宗の目覚めを見ていきました。この原稲城という真宗門徒は、世間に知られているとか、歴史の書物に登場するような人ではありませんが、幕末の動乱的情況に真宗門徒として対応したことが知られる人物です。尾張の国（愛知県）の丹羽郡一宮の近郊に、浮野という村があります。そこの庄屋クラスの、豪農といってよいかどうか、どれだけ石高を持っていたのかよくわからないのですが、村の指導層クラスの一人の農民でございます。生まれたのが一八三〇年（天保元）で、明治維新の一八六八年には三十九歳になります。そして一九〇六年、日露戦争が終わった年に七十七歳で亡くなっております。ちょうど明治維新をはさみ、前後ほぼ四十年ずつ、幕末明治を生きた人です。人生の半分が幕末で惣庄屋として、窮民救済や用水の開発などに関わり、明治になっては村会議員・議長、水利委員、本願寺相続講世話係などを勤めました。その間、寺小屋で子どもたちに読み書きを教え、また筆道家元として書道を教えていました。典型的な豪農型の在村知識人です。

この人が、四十五歳の明治六年に自分の前半生を振り返った記録、『心ニ掟置言葉《おきておく》』という題名の自省録ともいえるような、日記風の回顧録を残しました。『一宮市史』資料編の第十巻に収められていますが、改めて自筆本を拝見して『大系真宗史料文書記録編15　近世倫理書』に校訂して再録いたしました。私が自分で見つけたわけではなくて、江戸時代の真宗門徒がどういう生き方をしたか、どういう心情を持っていたか、ということを研究しておられた有元正雄という先生がその著書『真宗の宗教社会史』（吉川弘文館）で取り上げられていたので知ったわけです。有元さんが指摘した史料そのものを洗い出してみました。その中にたまたま『心ニ掟置言葉』、が数行引用されていました。それを調べてみましたら、かなり長い回顧録でして、読み進むうちに豊かな内容を持っていることに気がつきました。

稲城の住んだ一宮近郊の浮野村を訪ねました。一宮の町から少し離れた純然たる農村地帯で、養鶏が盛んで鶏小屋がいっぱい並んでいました。そういう中に二十〜三十軒ほどの家が一かたまりになった村落がありました。その村の中に大谷派と本願寺派の、東西両派のお寺があるわけです。その二つのお寺のちょうど中間のところに、かつての原家屋敷跡が残っておりました。そして大谷派の願行寺を訪ねて行きましたら、何とそのお寺は大谷大学の仏教学の教授であった横超慧日先生のお寺でした。横超先生の甥の方がご住職をしておられますが、その方からいろんなことを教えていただきました。原家の子孫は浮野村を離れまして、一時、知多半島の入り口のところで旅館業をやっておられたが、現在はさらにまた知多半島の先端のほう、小野浦というところでホテルをやっておられるとのこと。そこまで訪ねて行きまして、稲城の書いたものの実物などを見せてもらいました。そのようにして、原稲城という人物に関わることになったわけです。

二、稲城の青年期

原稲城という人の生き方を見ていきますと、土着真宗が一人の農民にどのような関わり方をするのかを知ることができます。父親は浮野村で、惣庄屋という役についておりました原喜右衛門信弘で、その長男に生まれました。「惣」とか「庄屋」という字だけ見ますと村全体の庄屋のように思えるのですが、そんな役ではなくて、「惣」というのは村の中のあるグループを指すようです。村の中にいくつかの惣があって、組のようなもので、そのような組の世話をする、村肝煎のような家柄の人でした。

ところが、その父親信弘は国学にこり固まっております。ご存知のように本居宣長によって確立された国学という学問、それが幕末には全国各地で広く人びとに受容されていきます。この父親は国学に熱中いたしまして、近くの美濃（岐阜県）武儀郡の上有知《こうずち》というところにおりました河村忠右衛門内郷《うちさと》という国学者に師事していました。この河村内郷という国学者は本居春庭の門下です。春庭は本居宣長の子ですが、失明します。それで本居国学の本流は、養子の本居太平という人に継承されていきますが、春庭はもっぱら本居国学の和歌の道を中心とした仕事を引き継ぎました。河村内郷も和歌に勝れ、「あぢけなく　世にながらえて　老の身の　ちるはなをさへ　をしむはるかな」という和歌は、稲城の父の信弘の影前に捧げられた「詠惜落花歌」と題する和歌です。一方で自分たちの郷土の歴史の研究に非常に熱心でした。『喪山考《もやまこう》』という『古事記』に出てくる「美濃の喪山」という地名を考証した書を著しています。そうした郷土との関わりの一つに、用水の問題がありました。長良川に注いでいる曽大《そだい》用水というのがありますが、これを尾張藩が管理するか、地元の農民が管理するかという、藩と農民の激しい争いがあったときに、そのなかで農民の側に立って、用水は農民のものであるということを主張して、江戸まで出かけて訴訟に携わる、民衆のなかに入って民衆と一緒になって、郷土を再建していくという、そういう関わり方をした国学者なのです。

そのような国学者は各地に随分おりまして、国学は郷土を再建していく、幕末の荒廃した農村を如何にして建て直すかというところに、随分大きな役割を果たしています。そういう人の門下でありました父親は、自分たちの住んでいる浮野村を荒廃から如何に建て直すか、そういうことに一生懸命尽くした人でした。稲城はこのような国学者に師事して、郷土という農村共同体との関わりのなかで「我」を形成しました。稲城は、国学よって、惣庄屋として、村に関わることで、郷土が呼び出されました。稲城は、『浮野村記録』『浮野旧跡物語』『浮野十二景』『都道之記』など、郷土に関する著述をなしています。「みにかえて　をしむさくらの　ちりゆけば　われもやともに　うつらいぬらむ」という、いかにも国学的な和歌も残されています。そうした郷土との関わりが、結果的には郷土に土着していた真宗に目を覚ますことになります。国学という学問は反真宗なのですが、それが真宗を呼び出すという逆説がここにあります。

青年時代の稲城は国学の勉強から始めましたから、どうしても神道のほうにいきますので、真宗というのは全く顧みない。稲城は幼い頃から、村の二つの真宗の寺で手習いをやっているんです。手習いだけではなくて、お勤めももちろん習っておりますし、御文を読まされたりして、真宗の知識は十分身につけているのです。ところがこのように国学の勉強を始めますと、真宗なんかは顧みない。

『心ニ掟置言葉』の冒頭には

おのれ齢二十三年にして父におくれ、あと相続をなしけるに、わかたらちねの業《ぎょう》は、村長《むらおさ》を永々しく勤めてその貢ものをとるに、心の禍《わざわい》か業《ごう》有りて、人を害う事あれば、其の報来り、我名も悪しき道に趣くべきに、常とはに家相続し事の嬉しさ

とありまして、二十三歳のときに父親が亡くなり、村長という仕事を引き継ぐことになった、回顧録の冒頭の文章はこのようにして始められます。自分の父親の仕事である村長というのは、人から貢物を取る（年貢を徴収する）仕事である、それが心のわざわいとなって、人を害なっているのだから、その業によって報いが自分にやってきて、自分も悪しき道へ趣く、地獄へ堕ちるということですが、

やがて自分は地獄へ堕ちる身となろう、こんな言葉を冒頭に書いております。「たらちねの業」というのは家業のことで、その一方で「心の禍か業」というのは、心のまがまがしさが業縁《ごうえん》となって、の意味ですから、ここには真宗的な業縁の観念が姿を現しています。これは後に明治六年になって書いたものですから、当時そのように思ったかどうか。それはともかくといたしまして、家督相続したときには、村長という仕事に自信が持てなかったのでしょう。村長としての責務は貢物を取る役であり、いわば人を搾取していくのが自分の仕事であるという自省心を、その心の「業」で人を害することとなり、その報いで悪道に堕ちるという応報観念を前提として語っているのです。「心の禍」というのは国学的言葉なのですが、それと「業」という真宗的認識が混在し、その責務観念から身を糺すことが求められたのです。悪業による地獄行きという因果応報の観念が前提となって、それからの脱却としての心の匡正、こういう課題を背負って稲城は出発します。

真宗門徒らしいことをちらっと見せることもありました。家を継いだ翌年の二十四歳のときに、師匠の河村内郷の命を受けて京都へ使いに行くことがありました。嘉永七年（一八五四）に京都に大火がございまして、内郷が親しくしていた公家へ火事見舞いに行けということでした。京都へやって来た稲城が泊まったのが、丹羽郡の詰所、本山の工事に奉仕する門徒の宿泊所でございます。今も東本願寺の前にありまして、「御宿にわ」なんていうハイカラな名前になりましたが、そこへ泊まりまして本願寺へもちゃんとお参りをいたしました。そのとき書きました『都道之記』という紀行に、もっともらしい歌を詠んでおります。

迷いぬる　こころの闇の　今晴て　み法の道に　入るぞ嬉き

真宗門徒としての素養があることは示されていますが、真宗の言葉を並べるだけで、ほとんど意味らしい意味を持たないような、そんな歌しか詠んでおりません。本来の役目であるお公家さんへ火事見舞いをすませ、本願寺にもお参りして、それで仕事は終わったというので、祇園へ行って散々遊んでおります。そして名残りを惜しみながら近江あたりまで来ましたが、そこで思い返して、もう二度と京都へ来ることもなかろう、もう一度遊ぶんだと引き返して、また祇園で遊んでいる、そんな青年なんですね。

三、通俗道徳の実践と挫折——節酒の誓い——

『心ニ掟置言葉』から抜き出して読みながら、稲城の「我」形成の過程を追ってゆきます。父の死によって家督を相続して三年目の安政二年（一八五五）、二十六歳の稲城は一つの決心をいたします。

今は文の上に塵の沢に積りて、更に学の道の志はなく、ただ恋という道に心うばわれ、学の道をうしなう事いと口をしき、今日より文の上の塵を払い、朝夕学の道に志さむ。よくよく師の教を背くべからず、あなかしこ〳〵。

学び入る　道の芝草　しば〳〵と　きりはらいては　御ふみ求めむ

ひらき見る　ふみの鏡に　むかいつゝ　心の曇り　まか直さばや

女性に心奪われた恋の道を改めて、学問に志すという決心の表明です。学問は「心の曇り」を直すものと認識されています。江戸時代では、学問は心を治め、制御する方法を学ぶものでした。心こそ我の本体と意識されていました唯心論の時代です。「心の曇り」を直すということで、「我」を形成し始めると誓ったのです。文末に「あなかしこ」とあるのは、真宗門徒が日頃なれ親しんでいた『御文』の結び言葉です。国学的な言葉を並べながら、身についた真宗の言葉がふと出てくるのです。

この年から夜学を開設して和漢学・素読・算術を子どもたちに教え、翌安政三年には『古事記』神代巻を講義するようになりました。

悪業による地獄行きという因果応報から脱却して、心を糺すという課題への取り組みは、国学的な思考のうちで始まりました。二十七歳の安政三年（一八五六）のことです、一つの出来事がありました。

二月二日、小牧御陣屋勝手台所に揚り、安座して居寝り居たり。ここに御手代三沢半左衛門殿御越しあり、仰せごとあり。その仄にして言葉かわしければ、三沢ぬし大に怒る。稲城いと詫ぬれど更に許しなし、いとも〳〵面（目）なき事なり。ここに県守《あがたもり》の長なる児玉大人《うし》を頼みて詫びぬ。つら〳〵思い廻らすに、予か童ともに教訓していわく。夫れ貴人の前に居すれば顕露して立をえず、道路に遇えば跪いて過ぐ、召し事あらば承しんで受け奉れ、と云う事、朝夕童に教訓する師たるが道を失ふ、

目上の人に安座したまま応答して叱責されたことから、子どもたちに貴人に礼を尽くして対応することを教えている自分は、師として失格であるというのです。ここに見える三沢「ぬし」は「主」と書く国学での尊称で、「児玉大人」の「大人」は「うし」と読んで尊称を顕わします。国学的な言葉を使うことで、稲城はこの頃が自分の国学の時代であったことを示しているのです。続けて、

我も教訓の道に背きて横道へ入ぬる程を、本得広道の枝折《しおり》となりて、真直の道を教えし三沢ぬしは、我為には猿田彦の神にやあらむ。たまちはう神てう神の祖神なりと仰ぎ尊べし。この三沢ぬしの枝折なくは、横道の禍れる道に入らん。いうせきかな〳〵。かへす〳〵も三沢ぬしを仰ぐべし

「ぬし」「大人」「猿田彦」「たまちはう神」という国学的言葉が連ねられます。「枝折」は「しおり」で、山で木の枝を折って道しるべにすることですが、稲城を叱責した三沢半左衛門こそ、自分を道徳的人間へ導く神と仰ぐべきだというのです。国学による通俗道徳の実践が表明されています。

そこから節酒の誓いがなされます。これが具体的な道徳的実践となります。稲城は大変にお酒が好きだったのです。同じく二十七歳の十月には、節酒の誓いをいたしました。

つらつらと思い廻らすに、この二日三日の間は酒呑みて宴なしけれど、まことにいや増してうたてなりければ、また酒を沢山に呑めば、心乱れて宜しからず、今よりは酒を呑む事停止せむ事いとよろし。されども神酒とて、人々の神へ奉つる捧物なれば、ひとつきふたつきにちょっと呑みて、いと多きは心乱るゝ基なれは忌む。されどおのが心にて忌むとも、限りなくば甲斐なし。今よりは二合を呑みて謹み、三合にて限りを付、余りは堅く忌む。必ず忘るゝことなかれ。

限りなく　呑むは悪しきと　酒の名の　ひじりはいたく　誡めにけり

酒宴してもむなしくなるばかり、たくさん飲めば心が乱れる、だから酒はやめようと思う、でもお神酒というように、酒は神へ奉るものだから、ちょっとくらいは飲んでもよかろう。限りないのはいけないから、二合で慎み三合を限りにする、というのです。酒飲みのいいそうなことだと、私なども苦笑します。

結果はどうだったでしょうか。それから三年後の三十歳、安政六年（一八五九）、第二回目の節酒の誓いをいたします。かつて心を改めて節酒を誓ったことがあったと振り返り、

今よりいといと心を改めて、なお身の慎みをいたし、酒杯もはかりなく呑み過せば、いと心みだれぬる基なればとて、二年三とせ先に二合にて慎み、三合を限りと定めけるが、いつしかその定めもいつしかゆるみ勝になりて、今にては、はからず限りなく呑むようになりて、いとその定めのゆるみけるは、丈夫の掟つる事とは覚えず、いと口惜き事なり。然れども是迄過しし事を歎き

ても詮なし。悔みても帰らむ事なりければ、いよ〳〵此後再び心を改め、何事によらず、事終らざる内は酒を忌む。されど限りは是迄の通り、昔定めしごと三合を限りとす。さて人に対い、事済ざるとて禁酒して、人々の対い宜しからざるときは、酒杯に三杯と限とし、余は事終りけるまで必ずしも禁す。あなかしこ。いとおのが心ゆるす事なかれかし。

と記しています。二合で慎み三合を限りと定めたが、いつの間にやら元に戻ったのを口惜しく思い、改めて、事が済まない内は決して飲まない、済んでからでも限りは三合、人との付き合いで飲まねばならないときは三杯と決定しました。我が心に心を許してはならない、とも覚悟しました。

この誓いはある程度守られたのでしょうか、第三回目の節酒の誓いは十年後の三十六歳、慶応元年（一八六五）です。狂言の顔見せがありまして、それを見に行きました。ところが、「酒をも肉をもたくさんに持ち来りしゆえ、大に呑みて前後不覚」になりました。

去る安政三辰に定めし、「計りなく呑は悪しきと酒の名の聖はいたく戒にけり」と云う歌の心もいつしか失せ、また安政六無神月十一日、再び慎み替て、御用済ざる中は禁酒と定めし事も成就せず、いつしか心の駒の手綱もゆるみて、実に我身ながらもあさましく、慎み替んと思ふ時ばかり誠の心に似たれども、日を経て程過ぎ行ば、いつしか慎みもたゆみて、誠の偽に成こそ悲しけれ。今よりは酒を神に捧げて、美淋焼酎を呑みて酒は忌むと思いて、三ケ年の中神に捧ぐとて、ただ身慎みを貫かむ為也。慎の的に心に定とて、（歌四首略）

このように、再々の節酒の誓いを守られぬ我が身をあさましと思いますが、飲むことを止めることができません。そこで、酒は神への捧げものとしてやめにして、みりん焼酎で代用することにしたのです。何とも苦しい言い訳です。それでもダメでした。この文に見える酒を「聖はいたく戒」というのは、親鸞聖人の消息に、「无明の酒にえいたる人にいよいよえいをすすめ」ることを誡める文があります（『末灯鈔』十九）、この「聖」は親鸞聖人を指すかも知れません。こんな消息まで読んでいたのでしょうか、耳学問かな。

三十七歳の慶応二年（一八六六）、甚目寺観音へ参詣して清洲で宿を取り、みりんを飲みました。ところが食あたりして、下痢甚だしく、駕籠で迎えに来てもらってようやく帰宅できたのです。そこで、

我身ながらもあきれ果、この上何程か心を改めむとすれど、魂の実正なきゆえ、いつしか偽に替わり行て、歎かわしき身なりとて、歎にもあまりある事なりとて

ゆく末は　いかになりぬと　我ながら　我身の程を　うらみ果てつゝ

このように、我が身のあさましさにあきれ果てたのです。節酒という通俗道徳の実践を試みて挫折したのです。そこに「ゆく末」の問題が浮上してきました。このままでは地獄へ堕ちることが必定だと思うのです。救済宗教が土着していない通俗道徳の世界の住人ならば、誓いを守られぬ身と気づいても、何らかの罰があたると思うかもしれませんが、地獄へ堕ちるとは思わないのではないでしょうか。

稲城の場合は土着していた真宗が顔を出してきたのです。

安丸良夫氏によって明らかにされました、通俗道徳の実践によって近代的主体が形成されたという有名な論（『日本の近代化と民衆思想』）が頭に浮かんできます。しかし稲城はそれに失敗いたしました。民衆一般においてむしろそれが普通であったと思いますが、安丸氏では挫折者への視座がありません。挫折した民衆はどうなったのでしょうか。

稲城の場合は、挫折が真宗を呼び出しました。以下に詳しく考えますが、道徳的敗者と真宗の出会いという問題が横たわっています。近代においては、真宗への帰入に、従来の内部の価値観を逆転する回心ということが重視されるようになりますが、稲城の場合は、国学という外部の他者による道徳的実践の挫折から、内部に潜在し土着していた他者真宗の覚醒という転換が起こったのです。外部の真宗に出会っての回心とは異なる回路なのです。これが土着真宗からの自己形成の在り方でしょう。次に、この視点から真宗の覚醒を見てゆきます。

四、真宗の覚醒

稲城は、若いときから門徒意識は持っていたことは、先に申しました。『都道之記』に二十四歳の嘉永七年（一八五四）に、師の河村内郷の依頼で、御所の火災に公家へ火事見舞いとして都に上ったときに、詰所に泊まり、本山を参拝して詠んだ歌も先に挙げましたが、その他にも歌があります。

○明らけき　光や四方に　みちるらん　茂みかかぐる　法の灯し火

○迷いぬる　こゝろの闇の　今晴て　み法の道に　入るぞ嬉しき

かく読みつゝ御寺の内をこゝかしこ拝し廻りて、宿に帰らむとすれど、あとに心ひかれて宿へ帰りがたければ

○先の世に　いかに契りし　報いかは　たちさりがたき　君がもとかな

「明らけき光」とか「君がもと」など真宗的ではない言葉が用いられている一方で、「迷いぬるこゝろの闇」というのは真宗的ですし、「先の世にいかに契りし」などというのは通俗仏教でしょう。国学的な思惟の内にありながら、本山へ参詣すれば、それなりに真宗門徒であると自覚したのです。でもそれだけのことに終わっています。この段階ではまだ真宗は働き出してはいません。ただし、内部の真宗という見えない他者と、見える他者として出現した本願寺とが呼応しあって、意識に上ったということはいえそうです。

二十八歳の安政四年（一八五七）から、稲城は日記をつけ出します。その理由が記されています。ややこしい文章ですので、分割して掲げて、全文を解釈いたします。

日記という物を拵て日々怠たらず記しけるは何故ぞなれば、後の世までもいちしろくしらるゝ様にと記し、金銀銭等の出入間違ざる為也。

日記を日々怠らずにつけることで、後の世までいちいちのこと（いちしろく）が知られるように、金銭の間違いがないように、というのですから忘備録なのですが、その一方で、

我長命しても丶年、短かくは今をもしらず身をもちて、後の為とて書き置きける。我身まかりて此世になき行末の世は、百年とも千年ともはかり難く、その長き世を楽しみ極むる国の人となしたまうと云う事を聞き、ひとつに極め、その報に朝夕の勤めを怠り勝にしても、今日は勤怠しといふ事を記さざれば、ただ有がたく忝しとばかり聞て、誠に金銭借貸程の身に染たる儀なし、誠あさましきかな、面（目）無きかな、歎かわしきかな。

なんともわかりにくい文章ですが、命終わることが今とも知れない身でありながら、後のために書き置くというのは、行く末が長き世を楽しみ極める国、つまり極楽の人になると仏によって定められたと聞くからには、その恩に報いるために怠らずに朝夕のお勤めをする、怠った日はそのように日記に記す。それなしにただ有難いと喜ぶのみでは、浅ましく歎かわしい、このような意味でしょうか。つまるところ、日記は、行く末は極楽と定められたご恩報謝のお勤めを怠りなく勤めることを記すためだということです。多くの人が日記をつけましたが、このようなご恩報謝の日記というのは類例がないように思います。また、極楽の人に「なしたまうと云う事を聞き」というのは、稲城も、先の章で見てきました加賀の任誓や薩摩の千代のように、如来のほうから往生が定められているという信心に立っているのです。二十八歳にして真宗に目覚めたのです。さらに、

わづか出る息、入るを待たざるの世にながらえて、さ忘れざる様にと日記を書き行き、先長き事を記せざるはいと情なし。今より後は、勤怠し日は勤めずと記て、後々折々に出し見て、過し昔のあさましきを思い出て、いよいよ仏恩師恩を仰ぐべし。あなかしこ〳〵。

と、お勤めを怠った日にはそれと記して反省材料とし、もって仏恩師恩報謝とする、というのです。仏恩報謝のためとはいいながら、お勤めを勤勉と懈怠の指標として反省するというあたり、いまだ通俗道徳的勤勉の論理の枠内にあるようです。真宗が目覚めたといっても、まだ目覚めきってはいないのです。

この後に和歌が記されます。

釈迦阿弥陀　おなじ教を　一向に　頼みわたらん　法の広道

彼国に　生れむ事の　誓をば　露程も猶　忘るゝ（疑う）なゆめ

釈迦と阿弥陀の教えは同じであり、これをたのむという信心と表明されています。釈迦と弥陀を同じ教えとするという言葉の直接的な典拠は見出せませんが、たとえば「釈迦弥陀は慈悲の父母　種々に善巧方便し　われらが無上の信心を　発起せしめたまいけり」という、親鸞聖人の高僧和讃の一句が思われます。稲城が和讃を知っていたという確証はありません。あるいは、此岸で行けと促す釈迦と、彼岸から来たれと招く阿弥陀、その間の細く白い道、両側から迫る炎と水というと、二河白道の比喩が念頭にあるのではないでしょうか。説教でよく語られましたから、こうした教えを聞いているようです。

さらに続けて、翌年の出来事が記されます。

安政五戊午年神無之廿一日、我家の阿弥陀如来、御洗濯いたし、表具いたして懸け奉りて、歌読ける

我家に　いつきまつれる　弥陀の名に　後の誓を　頼みわたらむ
唱うれば　おのが口なる　仏をば　よそ事にのみ　見つゝ過しつ

本尊の阿弥陀如来の画像を修復したのです。その歌では、この本尊こそ自分の後世をたのむ仏といい、念仏は自分の口から出る内心の仏である、それを他者と見做していたと慚愧しています。弥陀の本願をよそ事としてきたが、実は自分の心の内にそれが見出せたという信心に到達しているのです。このような仏を内心に見る信心、これが稲城の信心の基本になっていきます。

しかし、長年の習いから抜け出すのは容易ではありません。三十歳の安政六年に、自宅で火災がありましたが、大事に至らずにすみました。そのとき、

加久都遅《かぐつち》の神の恵み、わか産すな神の恵みなりと、いと祝いつゝ神酒を備えけるが、実神の恵み、伝来の仏の恵みなけねば、争かのがるべきや。

千早振　神の恵の　なかりせば　八十の禍の　火いかでのがれむ

というように、加久都遅の神という『古事記』や『日本書紀』に見える火の神や産土神の恵みによっ

て、火災を逃れることができたというのです。これら実神の恵みと合わせて「伝来の仏の恵み」ともあって、神仏が共同しての災難除けですから、これでは真宗信心とはいえないでしょう。いまだ通俗的な災難除けの神信心の内にあります。

そうした内に、先に見ました三十歳の節酒の誓いの第二回目で、「心ゆるす事なかれ」と記しましたように、この頃から心の制御が課題として表面化してきたようです。三十二歳の万延二年（一八六二）には、我が心についての思いが沸き上がったと、次のように記しました。

およそ人の心に随うと嫌うとはいか程の相違ぞや、ただ我心一なるべし。左あらば、今日の業は明日の種なり。今年の営みは来年の種なり。今生の業、未来の種なり。今日の善も悪も昨日の報と知るべし。されば、おのが心ひとつにて、衆人に仰がるゝも疎まるゝも、みな己か過去の業なるべし。然れば、おのが業おのが心にて、悪名に陥るも、高名に上りて名を万天に驚かせんも、我と我手の業なるべし。なお衆人に尊まれむと思わば、朝夕怠たらず善を積み、悪しきを慎み、悪心起すべからず。

冒頭の一節は、人に随う心と人を嫌う心の差異は何か、それはただ我が心にかかっている、ということで、すべてを我が心の問題と捉えようとする稲城の思惟の仕方が現れています。したがって、現在の心の持ちようが未来を決定するという因果論となり、人に仰がれるか疎まれるかは自分の心一つと、人間関係を心の問題として捉えようとしていると解されます。そこで、このような心の持ちようが未来の結果となるという因果論に立ち、怠らずに善を積むことが重要だという結論を導いています。これだけなら因果応報の通俗道徳なのですが、「今生の業、未来の種」とありまして、未来の往生との関わりが含まれています。善を積むという通俗道徳の実践が、未来往生の種となると考えるようになったのです。通俗道徳の実践に宗教的根拠を求めようとしているのです。それでも、これも未だ真宗的とはいえないようです。どこまでも自力的で、他力という観点が見えていないからです。

心の制御という問題をそれ以降も継続的に考えています。三十六歳の慶応元年（一八六五）に年貢減免の願いに名古屋へ出張します。そのときに、年貢減免願いをするのも自分に徳をつけるためだと思っていることに気づきます。自問自答で、

答て曰く。其利一言も返答出来申さず、ただし正直より外に返答はなし。その正直とは口にはいえど、心に行うものはなはだ稀れなり。人はともあれ、且我と我手に行う事の出来申ざるゆえ、我心を心にて恥て、折々いたくしめして、時々刻々と以後は急度相慎み申すべく候。

神仏　聖の教　なかりせば、実直の道を　いかで渡らん。

というように考えました。ただ正直であるべきだが、心に正直がないから実行できない、その心を恥じて慎むほかない、というのです。心の制御、正直という通俗道徳のなかでの思考ですが、ただ、我に正直という心がないことに思いが及び、その故に神仏聖賢の教えによらねばならないと気づいたのです。

そこから正直と慈悲と真宗という課題に至りました。翌々年の三十八歳、慶応三年（一八六七）正月に自問自答を行いました。いくども心を戒めてきたが、だめだった、どうしたらいいのかと問い、「我身は悪しき物なりと、片時一寸も油断せぬ」ことと自答します。さらに、

> 問いて曰く。至極妙なる定、しかしながら、我身は悪しき物とのみ定めて、人に情も懸ずして世渡りの詮なし、是はいかん。答。我身悪しきとのみ思ひ詰て、片時寸暇も油断なきときは、其中に慈悲も情も籠り有る物也。おのれは正直にして、人に慈悲も懸けると思ふ心こそ、誠に我身を亡す剣なりと恐べし、慣しむべし。心に油断のなきこそ吉と思うにしくはなきと心得置べし。穴賢〳〵。

という自問自答がなされました。我が身を悪と考えるなら、人に情けをかけることもできなくなる、そのような世渡りでいいのかと問います。そして、我が身を悪と思い詰めることこそ根本で、そこからこそ慈悲も情けも出るのだ、反対に、我が身を正直で人にも慈悲と思う心こそ恐るべきである、と思い至ったのです。ここに稲城の真宗があります。稲城は、村長として人を導く立場にあり、人びとへの慈悲、情けと己の悪心が課題でした。己一人の問題ではなく、人と人との関係の内で、人と人の関係が問題で、悪でしかない存在がいかにして慈悲という善を行いうるのかという課題を背負って、悪の心の否定ではなく、悪の自覚からこそ慈悲に至りうると結論したのです。親鸞聖人が、「聖道の慈悲というは、ものをあわれみ、かなしみ、はぐくむなり、しかれども、おもうがごとくたすけとぐ

ること、きわめてありがたし」(『歎異抄』四条)といいました。慈悲は思えども、思うように、助け遂げることができないのが聖道門、つまり自力の慈悲の限界性を指摘しましたのは、稲城でいえば我が身を正直と思ってかける情けです。それを稲城は我が身を滅ぼす剣といいました。自力の慈悲が否定されて、我が身を悪しき者と自覚するところに本当の慈悲が成り立つ、というのです。親鸞聖人では、「すえとおりたる大慈悲心」は「念仏申すのみ」とされたのですが、稲城にはここでは念仏という言葉はありませんが、悪しき者と思い詰めるということが、そのようないたずら者こそ救うという本願、それへの信心が念仏となるのですから、稲城の悪の自覚は、機の深信といわれるもので、それが念仏として結果するのです。このような真宗的な「我」が、人に情けをという郷土ないしは共同体の中の「我」を成立させているのです。ここに通俗道徳を突き抜けた真宗的倫理が生まれているのです。

しかしながら、我が身を悪しき者と思い詰めるという機の深信といわれる信心の在り方ですが、そのような者を必ず救うという法の深信、これと結びついて初めて信心の確立となるのですが、稲城ではこの法の深信がいまだ見えていません。悪の自覚が地獄の恐怖へ向かいますので、稲城は再び通俗道徳に逆戻りしてしまいます。同年の四月には、「行末は如何に成ぬと我なから　わか身の程を恨み果つゝ」というように、行く末を案じ、我が身を恨み、善を行うことも出来ないなら「人界に生を受けし甲斐なし」と歎き、この後は悪業を相手に、日夜御照を蒙り奉る日輪月輪を、昼夜の合せ鏡として、我心を照し見て、(中略)その日天子月天子の御働をかうむる限りは、我も一日一夜片時も怠たらず、家業善業相励め申すべく候と、心にも身にも御請申上候。穴賢〳〵。

我が身を照らす日月を鏡として、怠ることなく善に励むというのです。悪業の身と自覚しながら、その克服が目指され、通俗道徳へ回帰し、悪業の身を救うという弥陀の本願が、なかなか見えてこないのです。

五、信心への転換――ええじゃないかとの遭遇――

それでもやがて、信心獲得への転換が起こります。同じく慶応三年九月に、稲城は、ええじゃないか騒動に遭遇いたします。この騒動につきましては、次章に詳しく申し上げますが、あたかも王政復古が宣言されたと時を同じくするかのように、伊勢神宮をはじめとする神仏のお札が空から降ってきて、人びとは世直しを願って、ええじゃないか、ええじゃないかと集団で踊り狂ったという出来事です。

九月四日に稲城が名古屋へ行ったのですが、折から諸国の神仏が多数天から降ったとして大騒ぎでした。稲城も御札がほしいと願い、帰途に秋葉宮の御札を拾うことができました。それを仏壇の脇に祀って念仏勤行いたしました。その後、二十七日頃から近所の家々に御札降りが始まりますと、稲城も、自宅にも降ってほしいと思いますが、降ってくれません。ところが十月一日に一つの夢を見ました。

去方、一人弐人来て仏の法儀讃談に預り度き由、申来り、神仏一体也、和光同塵は結縁の初、八相成道は利物の終り成り、と讃談して夢覚む。さては常々善知識の教えの如くなる事にて、取別て神明祭るにあらす。

という夢でした。法儀讃談に預りたいという人が来て、「神仏一体」の讃談をしたという夢です。「和光同塵」は仏が光を和らげて俗塵に交わる姿を現し、つまり仏が神と現れて人びとと縁を結ぶことですし、「八相成道」は釈尊が八つの姿に身を転じて人びとと縁を結び、衆生利益したことをいい、仏は神ともなり釈尊という人間ともなって神仏一体であり、仏を拝すればわざわざ神の御札を求めることは必要ない、という夢なのです。誰がこの言葉を語ったのか判然としませんが、稲城が真宗門徒として仏を拝しているにもかかわらず、神の御札をほしがることへの誡めなのです。そこで稲城は、これこそ本願寺の善知識、法主のことですが、その教えと喜んだのです。

さらに翌日にも別の夢を見ました。弟も仏の御札を拾ってきたのですが、その仏を見失ったので探していると、

わが母の、その御仏これに有りとて念仏唱えけるに、口より則ち仏発然と顕れたまう。最も疑し

く、尋るに答て、この御仏こそ、我が末期に来迎して浄土に導きたまう也。則ち唱え奉る念仏の積り〳〵て、その御仏の加護を蒙り、浄土に趣べしと告ぐ。

その仏が母の口より現れたので、稲城が尋ねると、これこそ稲城を浄土に導く仏である、唱えた念仏が積り積もって仏となって浄土に導く、と答えがあったという夢です。来迎とか、念仏が積もって往生とか、加護などという言葉がありまして、純粋な真宗信心としてはいささか違和感がありますが、稲城が初めて記した真宗的な言葉です。

そこで稲城は感慨を記します。

我が作す善こそ未来の種とも報いて、善悪共に我に廻り逢う物なれば、おのれが唱し念仏こそ報土の因とも成て、一心一向に唱えるうちに疑の闇も晴て、真実信心を得て、余念なく仏恩報謝の念仏唱えらるゝ様に成りて、未来悪趣に入べき道を、弥陀願力不思議として横截五悪趣自然閉と塞て下されて、必ず浄土え引導せらるゝ事は、夢々疑い有るべからず。なおこの後は、いやましに昼夜朝暮に懈怠なく、仏恩報謝の念仏相励め申すべく候と、夢の御告に御答申し上げ奉り候。

以上

我が為す善を往生の種とすることにこだわり、念仏が往生の因となると考えていたのですが、そのようにして一心一向に念仏しているうちに、往生できるかどうかという疑いが晴れて信心をいただき、報謝の念仏となり、弥陀の本願力の不思議によって浄土へ疑いなく導かれるという信心に至っているのです。十分ではない点があるにせよ、このような信心を記するようになったのは、通俗道徳の固まりであったような稲城からすれば、格段の飛躍です。真宗信仰とは全く相入れない御札降りに遭遇したことが、真宗信心へと導く契機になったという逆説があります。このような逆転は、悪業の身という自覚、つまり機の深信が前提となって、それ故に、そのような悪業の身を往生させる弥陀の願力不思議という、法の深信に至るという過程を取っています。江戸の真宗信心が、弥陀のほうから往生を定める、賜りたる信心であることが、ここにも表れているのです。

近代信仰は共同体から脱却した個に立脚します。共同体の伝承する土着した真宗と切れたところで真宗との出会い、そこでの驚きが回心として重視されます。純粋な真宗が形成されるのですが、その基盤となった個は、むしろ孤なのです。共同体という人と人とのつながりが断ち切られたことを、それを超えた独立者と見做し、そこでの新たな共同体への希求がいわれ、僧伽としての教団という理想へ向かいます。稲城の信心への過程は、そのような独立者の過程ではなく、郷土という共同体の内にあって、そこに内在していた真宗に出会うことでした。今、現代、独立者という個は幻想化し、共同体も崩壊しました。そこで逆転して、他者を基点とする自己、そこからの信仰が求められています。

六、極楽参りの夢

世が変わって明治になり四年目になりました。稲城は四十二歳になりました。

卯月十四日、今年初ての雷鳴なり。人々恐縮しけるが、我仏法を信じ、未来悪世へ趣くべき道を遁がれ、楽しみ受くる事を願うに、悪世に趣き、地獄の苦を受くるは雷鳴の厳しき位の事にあらず。百万雷一時に鳴り渡る程、恐しきと諺も申。左に比れば、何ぞ恐縮すべき事か、実に地獄へ惰ち候わば、何程恐ろしかるべきや。左候わば、雷鳴の厳しき節は、我根生の太き故、極楽と聞て楽しみもせず、地獄と聞ても恐れもせずか。雷鳴の厳しきは、地獄の恐ろしき事しらしめたまう善知識の教なりと歓び、不退転と有ばしりぞかず、鳴音聞度に真の善知識の御化導を直々に蒙むると心得、進み〳〵て倍地獄を恐れ、極楽を歓ぶ心不退、不退転とよろこぶ事、実に難有事なるべし。

その四月、雷鳴のとどろきわたる夜がありました。地獄の苦は雷鳴の恐ろしさの比ではなく、雷鳴はそれを知らせる善知識の催促である、稲城はこう受け止めて、雷鳴のたびごとに地獄を恐れ極楽を願うのは、善知識の教えによって不退転となったことを喜んだのです。地獄と聞いて恐れもしない自分の心、この心が問題なのです。その心を極楽を喜ぶ心に転換し、不退転の信心獲得を目指したのです。何かが稲城に働き出しているのです。

明治六年の四十四歳のときにも雷鳴の夜に夢を見ました。

四月十九日夜雷鳴有。跡静に治りけるに、其夜の夢に、善光寺如来拝礼いたし度由にて有。堂内に一ノ宮殿有り。その宮殿に安置これ有る如来、開扉いたし拝礼いたし、何卒表に出しまし、拝み仕り度き由のぞむ。宮殿外面へ出しまし、御堂の前に居て拝みたてまつる処、本尊来迎有て、御歩行したまう処、善光寺如来の御姿これ無く、比尼の御姿也。御堂内陣に安置し奉る親鸞聖人の木像を礼拝したまふ夢也。汝夢中に思う様は、さて精身の弥陀尊善光寺如来、かく比尼の姿に化して影向したまうは、汝等の如きの悪人には、悪人の近よるへき御姿に化し、導きたまう事かな。正身の御姿にては、近寄事も及ばぬ謂れなればなりとて、歓喜の思い、泪に沈みけると見しが、夢覚たり。かかる不思儀の霊夢の象も、愚か成る我に浄土参りの引導したまふ教えなるかなとて、明る廿日の朝筆を取て書記ぬ。

彼国へ　導く為に　姿さへ　替ませる　弥陀の誓ひ　楽しき

彼国に　いたらん事を　頼みつゝ　今日も仏の　御名をとなえつ

雷鳴の催促から二年もたちましたが、また雷の夜に夢を見ました。善光寺如来の望みによって宮殿から出して御姿を礼拝していると、本尊が来迎して歩み出されましたが、その御姿が善光寺如来ではなくて比丘の御姿であった。これこそ善光寺如来の生（精・正）身の御姿と拝していると、比丘姿の善光寺如来が内陣の親鸞聖人木像に礼拝された、という夢です。ややこしいですが、善光寺如来が比丘の姿になって親鸞聖人を礼拝された、ということでしょう。そこで稲城は夢のなかで解釈をします。生身の弥陀が、悪人も近寄れるような比丘姿になって、自分を導かれたのだ、というのでしょうか。

次の部分もわかりにくいのですが、生身の善光寺如来が念仏者の姿になって、親鸞聖人を礼拝するように稲城を導いた、ということでしょうか。夢覚めて、悪人の自分を浄土に導く夢だったと感激したのです。なぜこのような夢を見たのかはわかりませんが、稲城が自分を悪人と思う自覚、とても往生できないという意識が深まったのかと考えられます。

それから四カ月後の八月十九日の夜、稲城は臨死を体験します。友達と酒宴の後に腹痛、下痢、嘔吐に苦しみ、翌朝には「絶脈」になりました。「絶脈」というのが文字通りなら、脈が絶えることで、死を意味しますが、どうもそうではないようで、瀕死状態をいうのでしょうか。医師が呼ばれ、人びとが介抱し大騒ぎになりました。そこで、稲城も必死の覚悟を決めていたのですが、不思議にも蘇生しました。そのとき、極楽の絵図を夢に見たので、それを図面にしました。

絵書し図かくのごとし。南北長き中に種々の宮殿有りて結構謂うばかりなし。彼土に至る事かなと歓喜いたし候。かく歓喜の心の起るのも我ならで、弥陀願力の強縁の御引立に依って也。この弥陀如来の誓願なかりせば、今頃ハ地獄に惰落して、苦しみを受む物をと、地獄の事を思えば思う程、弥陀の仏誓の尊さを思、他力不思議に余念なく悦び申し候。

このように、極楽に行ったと思い、これこそ弥陀の本願によって地獄の苦を免れることができたと喜ぶのです。往生できそうもない悪人の自覚が基になって、極楽往生の願望が高まり、ついに極楽に至ることができたのです。それは偏に弥陀願力、誓願、他力不思議によると、弥陀のほうからの救済なのです。そしてまた自問自答いたします。

我死なば、今日秦広王の御前にいかが御尋あらば、又いかが答えんや。娑婆の勧善懲悪も、造悪不善の我等なれば、死苦の難に覆れて、永く成仏せず、必ず無間に堕するの札付なれば、とてもかくしても一言の返答さえも出来ればこそ、娑婆で造りし罪咎の報い来て、後悔の泪に打ち沈むばかりなれ。

死んでおれば今頃は泰広王という閻魔様の家来の前で詰問されて、造悪不善の自分、無間地獄に堕ちる身は、なにも答えることができずに、後悔に打ちひしがれているはずである、と。しかしながら、そうした自分が救われたと、喜ぶ文を記しました。

ここに一ツの歓びと云は、仏法繁昌の世の中に生れ、善知識の御化導に逢い奉り、得がたき信心を獲得して浄土の往生は疑いなく、娑婆の因縁つき次第、目出度く報土往生を遂げ、無上覚の悟りを開く有がたさ、重畳の世々の動事に煩苦を免れ、楽しみ尽この如の果報を得る。この折の嬉しき事ぞなかりけり。

そして、蘇生したからにはと、次のような決意を披瀝しました。

我、此の度、無常を遁れ、命なからえしは、前に申すごとく、優曇花に逢う心地なれども、終には遁れざる道なれば、ここを臨終と定め、我は死してなき物也と思いて、世事何事も打ち捨て、仏法を悦ばむと旨を定めて、病後廿三日に自名を法名と改て仏壇に備え置たり。その名、泉園院釈稲城居士と云々。かく自名を法名と改し故は、故人の道利なり。居士に成て世に人なく、その世に無き人のしるしは如何に変りけむ。答て、居士のしるしには仏法を本芸とす。世事は外芸といたし、旦婆婆の習わしなれとて「第一」（追筆）王法「第一内心に」（追筆）仏法本芸と心得て、未来の為なれば、内心に能々仏法を貯え置べき事、我も副戸長命ぜられ候役儀なれば、第一王法也。又宗風の三ケ條に相背かず候様相心得、兎も角も病前と病後とは格別打て心の変りしと、人に言るる様に致すべし。何の為に法名拵しぞや。必々忘なかれかし。穴かしこ〳〵。

一度死んだ身であるから、名を法名として居士となり、世事は捨てて仏法を喜び本芸とする生活に入るというのです。でも副戸長という役職を命じられたから、やむなく外芸として王法をも守りましょう、でも内心の信心に随い、別人のようになったといわれるようになろうと決意しました。

稲城は、これ以降は記録を残さずに、明治三十九年、七十七歳で往生いたしました。願行寺過去帳に「明治三十九年五月一日　法名釈稲城」とあります。願行寺の右隣の稲城屋敷跡に自然石に刻んだ歌の碑が建てられました。

（表）　予ねてより　我をむかいの　火の車　めぐりもあわで　参る極楽　稲城（自筆）

（背面）　明治三十有九年八月一日　筆道門人建之

とあります。明治にも筆道指南として、人びとに慕われた姿を思わせます。

村の長老として慕われた知識人で、寺の総代などを務めて信心を語りながら、一方では正直勤勉というような通俗道徳の実践者であった稲城のような人は、つい先頃までどこにでも見かける存在でした。近代真宗は、このような真宗門徒の姿を、遅れた信心として冷やかに見てきたのではないでしょうか。彼らには回心がない、したがって親鸞聖人のような厳しい生き方がない、封建道徳にはまっているなどなど、です。確かに、親鸞聖人を基点に据えれば、江戸の真宗門徒の信心と生き様は、思想的な緊張感に欠けるようにも見えます。しかしながら、それは近代真宗という眼で見た姿で、それとは別の緊張の内にありました。何よりも彼らは、郷土という共同体のなかで生きた生活者でした。そこには真宗が日常化して土着していましたが、郷土は、郷土としての論理を持ち、厳しい実践を要求してきますから、真宗はその郷土に内在しながら向き合う他者でした。勧善懲悪、正直勤勉という通俗道徳に対して、その実践主体に悪人の自覚を突きつけることで、それらを相対化する他者なのです。それと向き合うことで、郷土のさまざまな徳目も相対化されますが、完全に消え去ることはありません。それを成したのが妙好人といわれる人びとでした。そうではない通常の念仏者、普通の真宗門徒は、郷土的自己と他者真宗との日常的な関係のなかで、「我」を形成していったのです。

史料
『心に掟置言葉』

『大系真宗史料文書記録編15　近世倫理書』法藏館、二〇一〇

研究

大桑斉「幕末在村知識人と真宗—原稲城における「我」の形成—」（『日本思想史学』二九、一九九七）
大桑斉「ある真宗門徒の幕末」（『日本仏教の近世』法藏館、二〇〇三）

第六章　京の商人小杉屋元蔵

延命と祈る間も減るいのち――ええじゃないか騒動の中で――

はじめに――世間を生きる――

賜りたる信心を生きる、これが真宗門徒であると述べてきました。信心をいたゞき往生決定した上は、信心によって世間のさまざまな問題に応答して生きるのですが、そこでの一番の問題は、政治でもなければ国家でもなく、ましてや何を目標に生きるかとか、いかに生きるかなどの哲学的問題でもありませんでした。前章での原稲城は明治維新に遭遇いたしましたが、淡々と「国王始め国主を辞し、藩知事と改まり、是迄の家来御家中の輩も家来にあらず、（中略）我等も人の長たる業を致さず」と記すのみです。

賜りたる信心を生きることは、世間という人と人との関わりに信心で対応することです。その典型が、村や町という世間共同体の祭りとの関わりです。筆者の子どものときの町内の祭り体験を序章に記しました。幕末維新期の真宗門徒にとって一つの大きな事件は、前章でも触れました御札降りによるええじゃないか騒動でした。もっともこれは、東海道筋から畿内地域に起こった事件で、北陸では問題になっていません。予めええじゃないか騒動について知っておく必要があります。簡略に記された『日本史辞典』（角川書店）「ええじゃないかおどり」の記述を引用して紹介に替えます。

> 一八六七（慶応三）年八月から翌年四月ころまで、江戸以西の地でおこった大衆乱舞。御蔭参りの変形ともいう。伊勢神宮のほか、諸宮の御札が降り、歌詞に「ええじゃないか」のはやしをつけて、集団で町や村を踊り歩いた。名古屋におこり、東海・近畿・南関東・四国へ波及。前年までの一揆・打毀に続く世直し要求を宗教的形態で表現したものともいわれる。討幕派は、大衆の混乱助長にこれを利用した。

つまり、伊勢神宮の御札が空から降ってきた、めでたいめでたい、「ええじゃないか」と集団で踊り狂うという騒動があったのです。「御蔭参りの変形」とありますように、大群衆が踊りながら道々で施しを受けて伊勢神宮へ参詣する御蔭参りは、江戸時代に周期的に起こっていて、奉公人や子どもが主人や親に無断で加わるので抜け参りともいわれていました。最も大規模なのが慶応三年のええじゃないかで、幕府倒壊と前後して起こったことで、陰で討幕派の策動があったともいわれています。

原稲城という真宗門徒がこれに遭遇したことを前章で見ました。今回は、幕末の京都を生きた小杉屋元蔵という商人の真宗門徒が、この騒動のなかにあって、己の信心を確かめていたことを取り上げます。元蔵は、元治元年（一八六四）から明治三十年（一八九七）の三十四年間、『見聞日録』と題した日記七十四冊を残しました。原本は現在、東京大学史料編纂所に所蔵されています。B5判程度の和紙を袋とじにしたノートに、細かい字でびっしり書き込まれています。独特の崩し字や略字、また商売上の記号が使われていて、大変に読みにくい。

この難解な日記に取り組んで現代語に訳したのが、新潟大学におられた佐藤誠朗《しげろう》先生で、『近江商人　幕末維新見聞録』という本にして出版されました。さらには、わかりやすく岩波新書で『幕末維新の民衆世界』にされました。それを拝見して、この小杉屋元蔵という真宗門徒のことを知ったのですが、佐藤先生は、幕末京都の一町人として元蔵の生活を紹介されましたので、真宗門徒としてということにとくに焦点を当てたわけではありません。この元蔵を、一人の真宗門徒として改めて見直してみようと思っています。『見聞日録』の原文から研究したいと思い、写真を一部取り寄せてみたのですが、この読解を始めると一生かかってしまいそうで、それはあきらめて、佐藤先生の現代語訳によることにしました。

一、慶応三年の宗教生活

元蔵は、近江（滋賀県）彦根近郊の善利村の真杉善助の子で、天保八年（一八三七）の生まれ、四歳で父を失い、縁続きの家で養われ、神崎郡位田村（現、五個荘町竜田）のカネ久という屋号の小杉甚右衛門店に丁稚奉公いたします。生糸・服連（荒い粗末な輸入毛織物）・生金巾（かなきん、堅く細かく織った綿布）を商う店でした。嘉永四年（一八五一）十五歳で元服して元蔵と名乗り、文久四年（元治一〈一八六四〉）二十八歳の十一月、小杉屋元蔵と名乗って独立し、京都堺町三条下ル道祐町（いま、イノダコーヒー店の所）に店を構えました。京都は、まさに幕末動乱の真っ盛りで、六月には新撰組による池田屋事件があり、七月には長州藩との間で禁門の変と呼ばれる戦闘が起こり、幕府は長州征伐の軍を進めました。こうしたなかでの新規開店でした。

元蔵は、十八歳頃から仏書に親しみ、念仏門に入って、真宗木辺派の京都懸所光沢寺（二条間ノ町上る）門徒となって、独立の前にお剃刀を受けています。木辺派の門徒でありながら、なぜかお剃刀は東本願寺で受けまして、釈誓信と法名をいただきました。同時に仏壇を購入し、本尊を安置しております。これをきっかけに日記をつけ始めたのです。店を開くだけでも大変だったでしょうに、法名を受け仏壇まで備えるというのですから、商売を始めるにあたって、真宗を、お念仏を、そこに据えつけたのです。二十八歳の青年ながら、門徒としても、人物としても、なかなかのものであることが知られます。

さて、開店四年目の慶応三年（一八六七）、「ええじゃないか」が起こった年ですが、それが始まってくる九月までに、元蔵が関わった寺社参詣や信心関係の事柄を日記から抜き出して一覧表にしてみました。後で整理しますのでザーっと目を通してください。元蔵の宗教生活の有様を窺います。

正月元旦　仏光寺・東本願寺・興正寺・西本願寺参詣
　四日　柳谷観音に参詣して念仏、粟生光明寺・向日明神・西本願寺・東寺にも参詣
　二七日　天皇葬儀行列拝礼
　二八日　伯父死去・湯灌（二九日葬儀・二月一日拾骨・三日七カ日逮夜）
二月六日　東大谷・祇園社・知恩院参拝
　一五日　東本願寺参詣
　一六日　彼岸中日で仏前読経、六角堂参詣
　一九日　彼岸結願で清水寺・今熊野参詣
　二〇日　祇園社へ火事見舞い
　二一日　町内の講の寄りに出る
　二二日　北野天満宮参詣
　二四日　町内御講で常楽寺（蛸薬師通）で世話
　二五日　北野天満宮縁日・般舟院（先帝孝明天皇尊儀安置）参詣
　二六日　仏光寺・東本願寺・伏見西方寺へ参詣して、商用で大坂へ
　二九日　帰洛して東本願寺参詣

三月一日　妙法蓮華経八軸合本を購入
　一二日　西本願寺参詣
　一八日　烏丸林氏（伯父）納骨で大谷へ、御講師様御法話二座聴聞、祇園社で献上金受取書
　二〇日　稲荷・藤森社へ参詣
　二一日　東寺弘法大師御明供参詣、西本願寺参詣
　二二日　納骨に東山御廟所へ参詣
　二三日　仏光寺前々住七五《（ママ）》回忌満座参詣、東寺で宝物拝見、東本願寺へも参る
　二五日　知恩院参詣、御十念都合五十遍に結縁
四月一日　勅使松尾社御参向で辻警護に出、東本願寺前住二五回忌・仏光寺前住五〇回忌へ参詣
　九日　金毘羅参りに出発、一二日御本社参詣して御守札を受け、二五日姫路船場御坊御遠忌に東門跡御成に参詣、高野山・大和の寺社をめぐって五月八日帰洛
五月二八日　本山参詣
六月五日　昨日買求めた『浄土真宗名目図』を一見、『歓喜鈔』拝読
　一三日　祇園会神輿渡御で町内大賑わい
七月一日　東大谷参詣
　四日　東本願寺参詣

五日　烏丸林氏へ伯父追福のための三部経読誦志を送る
七日　西本願寺参詣
一五日　中元祝儀を東西本願寺へ納める
二〇日　柳谷観音開帳参詣、眼治癒の祈願に一刻ばかり念仏、乙訓寺弘法大師堂へ
二一日　朝の勤めに柳谷を拝し、御清水をいただく
八月一四日　男山八幡宮御神祭に参詣
二一日　東寺御影供・東本願寺永続講に寄る
二五日　北野天満宮参詣
九月一日　東本願寺達如上人三回忌、御座一座聴聞
四日　柳谷観音参り、長岡天満宮・向日大明神へも参詣
八日　能勢妙見宮へ誘われて眼病平癒祈願
二〇日　柳谷へ三度目の参詣
二九日　忙しくて御法義聴聞に参り難く、仏書拝見を心がけるも眼の病で儘ならぬが、養生専一にして御念仏の日暮し、これも大善縁

実に多様な寺社との関わりが見出せます。整理します。第一に真宗寺院との関わりでは、東西本願寺・興正寺・仏光寺へは元旦やその他の日にも機会をみてはお参りし、法要へ参詣して聴聞、また中

元祝儀を届け、東大谷へは納骨に行っています。これらを〈真宗門徒〉としての関わりとしておきます。派を越えての参詣です。

第二は、知恩院との関わりで、三月二十四日の大逮夜に参り、翌日には御十念を受けています。何か特別の関係があるのか、〈真宗門徒〉として、真宗に准ずる法然上人との関わりでしょうか。第三は、縁日へ出かけることです。毎月二十五日の天神さんで北野天満宮へ、二十一日の東寺の弘法さんへ、という具合です。〈京都の町衆〉としての縁日の関わりです。信心とは別のことでしょう。第四は、お彼岸で二月十六日に六角堂・清水寺・今熊野へ参詣しています。これも〈京都の町衆〉としての市中寺院との関係で、これも信心とは別のことでしょう。二月二十三日には町内御講の世話で常楽寺へ参詣していますが、この寺は裏寺町蛸薬師にある浄土宗の寺院で、道祐町の町内御講の寄り寺でした。元蔵は町内講の世話方として、つまり町衆の仕事の一環として関わっているのです。

次に、第五として、〈物見遊山〉での参詣です。伏見稲荷・藤森神社・乙訓寺・男山八幡宮・光明寺・向日明神・長岡天満宮・妙見宮などへ行っております。その最たるものが金比羅参りで、三人連れで四月九日から五月八日迄の一か月にわたる旅行です。商人としての付き合い的な物見遊山ですが、御札を受けたりもしています。しかしその帰途に姫路の船場東本願寺別院の御遠忌で、門跡の御成があって参詣をしております。これなどは〈物見遊山〉に分類しましたが、〈京都の町衆〉としての関わりでもあり、その内で〈真宗門徒〉としての関わりでした。そして第六に、柳谷観音への眼病治癒の〈祈禱〉があります。真宗門徒とは思われないような行為で、元蔵の信心もその程度なのかと思われるかもしれません。しかしそのことをもう少し丁寧に見てみます。

二、祈禱との関わり

正月四日に柳谷観音（現、長岡京市）に参詣しますが、元蔵は「柳谷観世音大菩薩へ詣でて御念仏を申し上げ」と記しています。その後の七月二十日にも参詣し「今日御開帳である。目が治るように祈願をこめて、一時ばかり御念仏を申し上げた」と記しています。目の治癒を祈願する祈禱なのですが、真宗門徒にはふさわしくないと承知しておりますから、念仏するだけだったのです。念仏の呪術化といわれるかもしれませんが、逆に、何事をも念仏で受け止める関わり方とも、読み取ることができそうです。

念仏と呪術の関わりに関して、他の年の記事を見ておきます。安政五年（一八五八）八月頃の「三日コロリ」といわれたコレラの大流行のことが見えています。京都では門口に南天の葉を敷いて小糠を盛り、梅香を焼くというまじないがはやりました。

京地にも、まれには梅香焼きをしない家があった。その多くは門徒である。元蔵が住む町内でも、軒並に梅香をたいたが、主家《（マヽ）》の店はたかなかった。さぞ門徒物知らずと笑われていることだろう。

梅香をたいた家から、数知れぬ死人がでた。町内でも、三日コロリで五、六人も死んだ。だが、梅香焼きをしなかった主家の店では、一人も死ななかった。「誠ニ世上にすることハ、あさましき事也」と、元蔵は感じ入った。

門徒物知らずで、コレラ除けのまじないをしなかったのですが、結果的にはまじないをしなかった門徒の家で死人が出なかったのです。元蔵はまじないのような世上の風習を「あさましき」と嘆いているのです。ここでは明確に祈禱を退けている門徒の姿があります。

文久二年（一八六二）のハシカの流行のことも見えています。元蔵もハシカにかかって苦しみましたが、そのときに、「疫病神はほんとうにいる」と信じるようになりました。夢に恐ろしげな婆がやってきて苦しめるのです。近江の新堂村の男は「ハシカの大熱で苦しみながらも、ただ念仏を申していた」が、その家の老婆も大熱を発して苦しめられ、狐つきのようになって、我は疫病神であると名乗り、

当家の若い男の命を取って帰ろうと思うが、弥陀の念仏を唱え通しなので、どうしても取り殺すことができぬ

といって立ち去ったというのです。念仏が疫病神を退散させたと理解しています。親鸞聖人の「現世利益和讃」の、たとえば、

南無阿弥陀仏をとなうれば　四天大王もろともに

よるひるつねにまもりつつ　よろずの悪鬼をちかづけず

などの文言が頭にあるのでしょう。

三、元蔵の信心の様相

そこで、もう少し視点を広げて、元蔵の信心の有様を概観いたします。慶応三年に戻って、六月十一日の記事です。商品を積んだ船が四度も難破して損をしたので気が晴れない。そこで次のような感想を述べています。

何につけても念仏申せば世の中も安穏、家内安全、無事無難、延年長寿となろう。当年のように、一時に四度も難事が重なるのは、御念仏の不足、不信のため、天神地祇の御戒めで、悪鬼神が祟りをなしたのだろうと恐れ入った。冥見を慮り、いや増しに御念仏を唱えよう。念仏信心の門には必ず余慶があるはずである。前世の宿縁で不幸の重なる人もあって、行業の果報はまちまちだが、それを幸せに思って念仏を申す人は、第一その身の幸いと言うべきだろう。

かなり複雑です。前半の、念仏申せば無事無難のはずだが、災難が重なるのは御念仏不足、不信心と恐れ入ったというのは、念仏に現世利益を期待しているかのように読み取れます。この文言は、あるいは親鸞の『御消息集』（第七通）にある、御念仏、こころにいれてもうして、世のなか安穏なれ、仏法ひろまれと、おぼしめすべしという言葉を受けているのかもしれません。それならば災難除けではないのですが、災難は念仏不足、不信心を神々が戒められたのだから、いよいよ念仏をといえば、災難除けの念仏となって、いささか安易な信心と思われます。ところが後半では、不幸を前世の宿縁と受け止め、それが念仏の催促となる、そのことを幸せと受け止めねばならない、といいます。このところに元蔵の本来の信心があるようです。災難不幸を念仏への機縁、ご催促と見るという信心です。災難を身に引き受ける思惟、他に転嫁しないところに信心を見ることができないでしょうか。

九月二十九日の記事を見てみます。

（毎日さわがしくて）御法義聴聞にも参りがたいので、せめては仏書なりとも拝読しようと、若年のときより心掛けてきたが、はからずも当初秋のころから目を患い、夜書見をすることもままならぬ。いかなる宿業の然らしめるところかは知らないが、残念なことである。御冥見に恐れ入って、この節は体の養生を専一にし、御念仏を申し上げて日を送っている。これもまたありがたい大善縁である

眼病という災難を念仏の大善縁と受け止める信心があります。さらに十二月八日のこういう記事もあります。

（塩梅が悪い）御念仏を唱えて、じっと堪えた。今日は、町内の田中先生を招いて診ていただいた。

近江屋藤兵衛様がお越しで「自分の守袋にある御札を、天降った御札と申して、喜んでくれる有縁の人々にやってしまった。病気がこれほど悪くなるのは、その御札を祭らなかったためだ」と真顔で心配しておられる。「やはりその祝いをするがよかろう」と言われるので、それならば神様への御法楽には御経を献ずるのが第一と、すぐさま旦那寺の光沢寺様（真宗木辺派の掛所）に浄土三部経を上げていただいた。

後で問題にしますが、天から神仏の御札が降るという騒動の内で、元蔵は御札を祀ることなしに他人へやってしまった、体の具合が悪いのはそのせいだという人がいたのです。そこで元蔵は、神様へ三部経をささげるのです。すべてを念仏で受け止めようとする信心と見ることができると思います。南無阿弥陀仏以外の神仏に対しても、これを排除するのではなく、念仏の機縁として受け止めるという信心なのです。

それればかりではなく、神祇と積極的に関わる様相も見出せます。慶応元年の三月には故郷の五個荘の祭りに加わるためわざわざ帰郷し、神事に参列し神輿を担いでいます。しかしそのことに関しては事柄を記述するだけで、何もコメントがありません。氏神の祭りなどは、信心や内面の問題とは関係がないようです。

序でに元蔵の伊勢参宮にも触れておきます。文久四（元治元）年（一八六四）の春三月に、七人連れで伊勢参りをいたしました。道中の名所を見物し、伊勢では内外宮を巡りますが、とくに何かを祈願したとかは書いていません。帰途に遊女を買い、「実此世に楽みの随一面白かれ」と記すような、まさに物見遊山の旅でした。しかし帰宅後に思いのままを書き記します。

今過去りぬれば皆夢の如し、此世の事は、楽みといふも実に苦しみの基いなりけれ、何事も皆偽りの世の中に、死ぬる斗りはまこと成けり、此楽に付も、後生永世の楽しみを忘るべからず

世間は夢の如し、楽しみも実は苦の基、みな偽りと相対化されます。それに対して後生は永世の楽なのです。蓮如上人の御文（一帖目第十五通）に、「ただ人間は夢幻のあいだのことなり、後生こそまことに永生の楽果なり」とあるのが想起されます。世間の相対化と対になって極楽が絶対化され、後生の一大事の念仏が唯一の真実となるのです。

世間が相対化されましても、そこは生きていく場ですから、否定し去ることはできません。そこでそれら世間の出来事は、みな後生の信心ための方便とされてきます。安政五年（一八五八）には七月十六日に月蝕があったのですが、元蔵は、

観音勢至もろともにの御和讃を思い出しては、ありがたく拝した

と記しています。いったい何を言っているのでしょう。この和讃というのは、

観音勢至もろともに　慈光世界を照曜し　有縁を度してしばらくも　休息あることなかりけり

でしょう。おそらく月蝕は不吉とされていたのでしょうが、そうではなく、月蝕という現象も観音勢至という菩薩の慈悲の光が一刻も休むことなく我が身を照らし出している、それを思い知らせるのに、

一部が欠けて見せたのだ、というように解釈して、有難いといただいたのです。同じ月二十三日に今度は彗星が出現しました。それを見て元蔵は、

阿弥陀如来ノ大慈悲ヨリ、月日も星も善神も皆我等ヲアハレミ在テ、此世モ安楽ナラシメテ、来世ハ仏果ニ引入タマウ御済度ニ御出現在タルナレハ、難有そありケル

と記しているのが、右のような解釈を導きます。天変地異も弥陀の大悲の現れ、極楽へ導く方便であるというのです。さらに解釈を拡大すれば、世間であれ何事であれ、すべては弥陀のほうから計らわれているという信心、前章までの真宗信心の基調として見てきた姿が、ここにも見出せるのです。

先にも、若年から読書に親しみ、眼病で書見ができないことを嘆いているように、元蔵は大変な読書家です。参考に、読書記事を見ておきます。

慶應三年には三月一日に妙法蓮華経八軸合本二巻を購入、六日に表紙を付け綴じ直し。真宗門徒でありながら法華経を読んでいます。六月一日　本屋へ『歓喜鈔』を頼む、『康熙字典』が七両二分から十二両で、買えずに残念。『歓喜鈔』は『三帖和讃歓喜鈔』でしょうか。文久四年八月七日にこの本を買っていますので、あるいは同じような題名の『御文歓喜鈔』かもしれません。東本願寺学寮の初代講師恵空の著述です。五日には『浄土真宗名目図』『歓喜鈔』拝読と見えています。『康熙字典』など実際に使うこともないでしょうが、それをほしがる読書家です。十月十四日　書肆の永田が新刊の『護法新論』を持参したのですぐに購入しました。

これらの典籍を読む心得が述べられています。六月十五日付の大坂の友人への手紙です。ありがたさの余り御念仏を唱え、仏書をも拝見し始めたのは、十八歳の夏のころだった。それ以来十有余年、いや増しに仏法を深く信仰するようになった。どんな書を見るにも、道心を先として熟読している。

信心を先としての読書というのです。何事も信心を先として、信心に基づいて生活しているという独白です。

四、町衆とのはざまで——ええじゃないか・御札降り——

多端な宗教活動を行っていた小杉屋元蔵です。そこにええじゃないか騒動が起こりました。それへの対応が元蔵の日記に窺うことができるのですが、それを見る前に、『浮世のありさま二御陰耳目第一』という一書に見える、文政十三年（一八三〇）の御蔭参りと真宗に関わる話を一つ二つ紹介します。

灘辺は門徒多き処にて、参宮につき東本願寺の使僧まで逃げ帰る程の事なるに、大石ばかりは参宮するもの一人もなく、（中略）旦那寺より、「参宮人へ施行せんより、其金を本山へ上納すべし」とて、これを止め廻りしにぞ、（中略）大石ばかり施行の家一軒もあらざるにぞ、（中略）頼み寺の住持昼寝して起ざるゆえ、家内これを起さんとせしに、いつの間に死にしにや、頓死して家内もこれを知らざりしよし。これは参宮を止め、施行もなさで、「本山へ金上よ」など云いてさまたげせし事なれば、神罰を蒙りてかゝる死様なりしとて、人の語りぬ。
西宮にても、白鷺の金幣をくわへて空を舞いしが、処々にて下らんとするに、人多く出てこれをうけ止んとせしに、其処へは下りで、蛭子社の隣なる門徒寺の杉木へとまりて、此処へ落しぬ。此寺の住持、大石其外処々に門徒寺の変に遇いしを聞て恐れぬるにや、又信心に出しにや、直に参宮せしと云へり

神戸近辺でのことで、この辺りは真宗門徒が多い地域なのですが、ここに伊勢神宮の御札が降ったのです。大勢が伊勢へ抜け参りに出かけたのですが、制止にやってきた本山の使僧を追い帰すほどだったのです。伊勢へ抜け参りする人びとに施しをすることになっていて、それをしなかった家へは、「ええじゃないか、ええじゃないか」と叫んで打ちこわしを掛けるのです。ところが神戸近辺の真宗の寺が、施行するくらいなら本山へ上納せよといって、これを止めたので神罰があったということが述べられています。住職が昼寝中に頓死したのは神罰だというのです。あるいは、金の御幣をくわえた白鷺が、真宗の寺にこれを落としたので、住職は恐れて参宮したというのです。

この背景には、文政六年（一八二三）に本願寺両堂が火災にかかり、同十一年には御影堂再建の斧始めがあって、本願寺は再建費用の募財に追われていた、ということがあります。伊勢参詣者への施

行よりも本山再建に協力せよというわけです。本願寺からすれば、参宮や施行を禁止するのは、再建志か施行かと、信心を問うことになります。

こうした本願寺の姿勢は、世間から見れば、御札降りというありがたい出来事に反対し、これを阻止すると映ったのです。反真宗の世論が形成されたといってもよいでしょう。このように真宗門徒は御札降り、御蔭参りに反対する勢力、反社会的と見做されていたのです。江戸の他者真宗という本書のメインテーマが、ここにも姿を現しています。

さて、小杉屋元蔵が日記に記した慶応三年御札降りを見てゆきます。十月十七日には、幕府軍と薩長軍の間に戦いが始まりそうだというので、京都の町では逃げ支度なのに、京都の南のほうの宇治田原や奈良の町々では、

お祓様の御札が下らせられたとかで、在町ともこぞって踊り騒いでいるとお聞きした。浮世のことはいろいろである。

と記しました。戦いと群衆の乱舞という現象をどう受け取るべきか、元蔵にはわかりません。その後に御札降りに関する記事が見え始めます。

（二十三日）一昨夜から、当地にも大神宮の御祓の御札が降り始めたそうである。

（二十五日）大坂でも大神宮の御札が降ったという。（中略）一昨夜この近辺の所々に御札が降ったが、私どものような邪見な家へは降りかねているようだ。

皮肉ない言い方です。真宗門徒という邪見なものに、神々はご利益を与えないのだろうというのです。そのようにいえるのは、邪見な私という認識、機の深信に立つ元蔵にあってのことです。御札降りを冷めた目で見ているところに、真宗門徒の他者性が見えるようです。

（二十八日）　昨夜から今日にかけて、御札が所々に降った。すぐ近くの大黒町（六角麩屋町西入）林幸作殿へ降ったので、大いに賑わっている。（中略）御札が降った町は、踊りで大騒ぎしている。この間中戦争話で騒がしかったが、この御札降りのために、京坂・伏見・宇治・南都、そのほか在々所々とも踊りでたいそうにぎにぎしいことである。

いよいよ御札が近隣へ降り始めましたが、賑わっている、大騒ぎであると、冷めた目で記しています。これで戦いが避けられると期待もしています。翌日には御札降りは町内にまでやってきました。

（二十九日）　午前九時きっかりに、町内の五人組近忠殿方へ天照皇大神宮の御祓が御降臨遊ばされた。道祐町中が大騒ぎになって、金久店（元蔵の㊅店）からも御供物御真魚、はも三尾、きす二尾、御酒三升を奉納した。大風が吹いたが、踊りは夜中時分まで弾んだ。信心深い門徒の元蔵は、風邪で具合が悪く、気分も浮き立たず、別段おもしろくもなかった。

「信心深い門徒の元蔵」は「おもしろくもなかった」というのは現代語訳ですが、どうも落ち着きが悪いわけです。原文がどうなのか知りたいところです。「おもしろくもなかった」のは、神祇不拝の真宗門徒の信心からいわれた言葉か、それとも、世間とは異なる門徒の社会的位置を思い知らされたことを意味するか、どちらでしょうか。「おもしろくもなかった」のですが、しかし町内の一員として、都市民の共同体の祝いに加わっているのです。同日には続いて、

今日は踊りで、掛け取りはさっぱり集まらない。ちょうど午後一時に、イ近藤（近江屋西村藤兵衛）様方へ毘沙門天王の御札がお降りになった。木部御殿（真宗木辺派本山錦織寺、近江野洲郡）の御札だそうだ。早速近藤殿宅へ祝いに出向き、お取り持ち申し上げた。めでたいことだと、町中残らずお越し下さった。

とありまして、何と真宗の木辺派本山の錦織寺の御札が降ったのです。錦織寺は、親鸞が関東から帰洛の途中に立ち寄った毘沙門堂から出発した寺ですから、毘沙門天の御札なのです。真宗の御札が降ったということで、何となくホッとしている様子が窺えます。

町内への御札降りが十一月になっても続きました。

（十一月一日）当町内天利殿宅へ御札が降った。近藤様が祝い酒飲み放題の札を出したため、大騒ぎになり、コドモらを手伝いに遣った。（中略）毎日毎日、天下の騒動にでもなるかと心配していたところ、もはやこれで騒動話もどこかへ逃げてしまった。まずまずありがたい。「騒動の違いて事の　うれしきは　神降臨の　大踊りかな」「ヨイジャナイカ〳〵　よひじゃないか」

（二日）昨夜町年寄近茂様方へ御札が降り、御祝いに上がった。近茂様でも、田中様でもまたまたお酒を呼ばれ、家の庭でこけて、額を少し擦りむいた。八月以来酒を断っていたが、このたび

の踊りで一時破禁、大酒、大酔いした。「ヨイジャナイカ〳〵」

（三日）初雪である。「初雪も　踊りに出たか　神いさめ」「神と雪　一時に降るや　大踊り」

禁酒を破って大酒を飲んだのは、天下の騒動が避けられたらしいことを喜んでのことでしょう。その挙句に怪我をした、どこか皮肉の感が窺えます。俳句の「神いさめ」は、「勇め」で、神々が元気よく活動している様相をいうのでしょうが、何だか斜に構えた感じです。素直に喜べない元蔵です。四日には眼の祈禱でしょうか、またまた柳谷観音へ詣で、粟生光明寺や向日大明神に参詣し、踊りを見かけ、「たいそう騒がしい。「世の中どうでもよいじゃないか」、ふと釣り込まれそうになった」と、引き込まれそうになる自分を警戒しています。元蔵は「ええじゃないか」には批判的なのです。

（八日）今日も京洛中、踊りが大弾みである。この節の踊りの囃子はこうだ。「世の中何んでもヨイジャナイガ　よいじゃないが　〳〵　ヨイジャナイガ　御メコに紙張　破れたら又はれ　よいじゃないか　〳〵　ヨイジャナヒカ」（中略）今日は、上京一二町組挙げての御札参りの大踊りで、世上一同にぎにぎしい。道祐町（下京三町組四二町のうち）に住む元蔵も、生まれて初めての大踊りを見物に出た。まことに見事である。大坂表でも、一七〇か所も御札が降ったそうだ。とんと踊り騒がぬのが不思議だ。しかしこれも。ヨイジャナイカ。

上京の町組挙げての大踊りがあって見物し、見事と思ったのですが、それもヨイジャナイカというだけで、やはりどこまでも斜に構える姿です。世上の「ええじゃないか」は狂乱的ですが、元蔵においては、どうでもええじゃないか、以上ではなかったのです。

そうした騒々しいなかで、元蔵は嫁を迎えます。実家の近江位田村へ十一月十三日から出向き、十五日にここで婚礼を挙げ、二十二日に帰ったのですが、この間にもたびたび御札降りや大踊りに遭遇しています。十七日には祝言祝いに踊り込みがあったが、これは「めでたい限り」と記します。翌々日にも踊り込みがあり、二十日には御札降りがあったので鏡餅を配ったりしています。御札降りも祝言に絡めば目出度いのです。

それでも「ええじゃないか」は困った現象でした。本山報恩講が淋しいと嘆きます。

（二十三日）当年は、諸国とも御札降り踊りのため、御七昼夜御本山参りはたいそう淋しいことである。

（二十五日）朝早く、仏光寺様へお参りした。（中略）「踊り一人も相成らず、違背の輩は曲事たるべきものなり」とのお触れが組当町《(ママ)》より口達されたので、書き留めた。これで明日から踊りも止むことになる。（中略）当年の御七夜は、田舎から参詣する人がごくごくすくない。

御札降り踊り禁止令が出たことを喜んでいます。

（二十六日）早朝、仏光寺様で寂満寺殿の御法話をありがたく聴聞し、コドモらは御本山へ参詣させた。

コドモというのは店の丁稚たちのことでしょう。御札降り踊りよりも報恩講へ参れというところに、元蔵の御札降りへの強い批判が読み取れます。

（二十七日）東・西御本山へ参詣した。（中略）今日、踊り停止の御触れ書が回った。すでに踊りは一昨日止んでいる。（中略）西御本山・東御本山へ詣で、仏御本山（仏光寺）で御法座を聴聞した。それから内で初夜・後夜などの御勤めを申し上げた。

（二十八日）法《（ママ）》恩講御七夜も今日で御満座だというのに、いろいろと用が重なって参詣もせず、残念なことだ。御内仏へ祖恩を報謝した。大坂表からの便りに、こうあった。「𡗗店でも、過ぐる二十日卯の上刻、楽山上人梵字の地蔵菩薩御影をお迎えし、大いに賑々しく御祭りを申し上げている。古徳の首《（ママ）》尾（払子カ）を集めて仏壇の上に置き、踊りながら、「延命と　祈るあいだも減る命　うれしや踊　南無阿弥陀仏〱〱」と御称名を絶やさぬようにしている。この度のことは、利生（利益衆生）とも思え、まことに不可思議で、貴君にとっても絶筆かと存じあげる」と。

　本山報恩講に参詣できなかった代わりに、家でお勤めをしたというのです。参詣できなかったが残念でたまらない思いでおりますと、大坂の友人から手紙が来まして、お地蔵さんを迎えてお祭りをしたことを知らせ、それに関して、地蔵菩薩に延命を願っても、その間にも命が減っていく、この理りを教えていただいたことをうれしく思い、小躍りしてお念仏している、これこそ南無阿弥陀仏の衆生利益のはたらきと受け止めた、とありました。この友人の手紙から、延命という現世利益は、実は現世無常を知らせる弥陀のはたらきに他ならなかったと知って、嬉しやと念仏する友人に大いに共感したのです。

ところが京などの有様は、全く異なっていました。続いて、

踊りの後、いろいろと不調法が出来《しゅったい》して、「町々に　残るは質の　御札さん　思いやられる　季の御払」という風情だろう。手持ちの御札様は、今日宇治栄殿へ進上してしまった。

御札踊りの狂乱は、盛大な飲食を伴いましたから、後に残るのは質札だけだと皮肉ります。自分の持っていた御札も人にやってしまうのです。先に見たように、小杉屋には御札が降っていません。邪見な者には降らないのだろうといっていましたから、ここで「手持ちの御札」というのは矛盾です。誰かからもらったのでしょうか。先に紹介しました八日の記事に、体の塩梅が悪いのは御札を人にやったせいだといわれましたのは、このことを指しているのでしょう。

（十二月三日）養父の便りには、当地はまだ踊り大弾みの最中で、「家運長久福の神を待、家々に　待請らるゝ　はらい箱　極の躍りは　盆の月まで」とあった。

養父もまた「極の踊りは　盆の月」というのがよくわかりませんが、支払いが待っていると嘆いているのでしょうか。残るは質札という元蔵に共感しているのです。

御札降り、大踊りも止んだようです。たわいもないことだったと感想を記し、本山から誡めがあったことを記しています。

（十八日）　先月中は、市中一同神祭りになぞらえて踊り騒ぎ、実にたわいもないことだった。そのころ御本山で、月前の祝いという歌に事寄せて、「落としてある物を拾って、神慮に叶うということはない。拾わぬが神の正直なり」との御教誡があった。（中略）書面で本山へ尋ねたところ、御返事を下された。（中略）「このごろの種々の神号、仏号など、あるいは米銭、食物などが降ったのを皆々喜んで祭ったことは、法輩に背くものだ。とりわけ踊ったことは、天子諒闇が明けず、公辺、諸侯などが昼夜時勢をご心配の最中なのだから、神仏聖人の教えにも違い、人倫を乱すことはなはだしく、もってのほかと嘆かわしい次第、（中略）」とあった。

本山へ問い合わせ、その返答を記したのは、元蔵は嬉しかったからでしょう。降った御札などを拾い祀ることは法義に背くことだと断定されたからです。しかし、その後の本山の回答文は、法義に背反したというよりは公儀・人倫に反するというもので、真宗的な意味化がなされていません。御札をまつるかどうか、踊りに加わるべきか否かと迷い、独自にこれに対抗しようとした門徒に比してお粗末というべきでしょう。

元蔵『見聞日録』を読み解いた佐藤誠郎さんは、元蔵を以下のように評しています。

元蔵は、根っから近江の旅商人なのだ。高利貸しを「餓鬼界」と忌み、道なき道を踏み分けて正路に商い、金を儲けた。だが金儲けは菩提の障りだ。彼にとっては、後生こそが一大事で、この世は長居するところではない。御念仏を唱えながら山坂を越えて旅に商い、報恩講に詣でては無上の喜びに浸った。京に御札が降って、〝ええじゃないか〟が乱舞したときも、かたくなまでに敬虔な真宗門徒の元蔵は、御札を祭るのを拒み続けた。

この評価は的確です、でももう一つ。真宗門徒であると同時に、京の町衆の一人として御札降りに対処したのです。町内や知り合いの家に御札が降れば、祝いの酒肴を届け、丁稚をやり、自身も祝いに参上し、大酒を飲んで酔っ払っています。決して無視はできなかったのです。真宗門徒として、他者として御札降りを無視すれば、町衆としての世間を狭めてしまいます。そこで共に祝いに参加しながら、その内で減る命と教える弥陀の衆生利益と真宗での受け止めを試みているのです。世に背く門徒と浮世そのものの町衆との狭間を、門徒として生きたのです。

五、他の真宗門徒たち

小杉屋元蔵だけの問題ではありませんで、他の真宗門徒の人びともさまざまに対応したでしょう。他にも門徒の人の日記が残されています。ええじゃないか騒動への対応を紹介します。

やはり京都の町人で、四条大宮で質屋を営んだ高木在中の日記です。『幕末維新京都町人日記』として刊行されています。在中は、ええじゃないか騒動の慶応三年には四十九歳、九月までは町年寄を勤めていました。油小路六角の本願寺派光岸寺門徒で、十月十六日には報恩講に参詣し、世話もしていたようで、この他にも度々出向いています。また北野の天神さん、東寺の弘法さんやさまざまな寺社へ参詣していますのは、元蔵と同様な京都の町衆としての宗教的環境が窺えます。

十月四日には東海道方面や摂津に太神宮の御札が下ったという噂を記録していますが、二十二日には近くの下ノ町へ御札が降りました。二十六日には、

古今珍事、太神宮、八幡宮、春日大明神御札、其他金大黒、蛭子、木二王、土布袋、新小判、不動明王、白髭大明神、金比羅大権現、其他御札、日々四五軒宛天降給う。右に付市中町々大踊致居候事。

という記事が現れます。元蔵日記では二十三日、二十五日に京都での御札降りが見えていましたから、時期的には一致しています。元蔵は「邪見の家には降らない」など感想を述べていますが、在中日記ではほとんどそうしたことが記されません。以下連日のように御札降り記事がありますが、事実記載だけで、感想めいたことは記しません。十一月十二日の記事では「神勇」とあって、元蔵日記の「神いさめ」もこれです。さらに十四日には、「天降給う。神仏前にて祝酒、振舞の儀は勝手次第に候得ども、異形又は踊歩行、土足にて上へ発り候義は、決て相い成らず候御触出る」と、御触れが出て、踊り込みが禁止されたことを記しています。元蔵日記にこれが見えないのは、ちょうどこの日に祝言のために元蔵は郷里へ帰っていたからでしょう。

禁令を写しているのは、どこかでこれを歓迎する気持からで、在中も御札降りには批判的だったよ

うに思われます。ところが「御宮由来書案文」という書類が日記に挿まっていまして、これには十一月四日の夜に老翁の夢告があって、翌五日に庭の木に鹿島太神宮・成田不動尊の御札が降ったので、御宮を設けたと書かれています。日記では淡々と事実しか記しませんでしたが、このように御札を祀っていたのです。元蔵は邪見の門徒には御札が降らないと皮肉り、在中は日記には何も記しませんでしたが、このように御札を祀っていたようです。真宗門徒としての自覚や葛藤が見えません。このような真宗門徒もいたわけで、これから見れば小杉屋元蔵は特別だったと見えるかもしれません。

次に、これまた京都の町人で五条橋東二丁目東組の薬種商であった大和屋忠八五世の日誌を見ます。慶応三年には三十歳で、分家・別家を数軒抱える大商人です。東本願寺寺内の円重寺の門徒惣代、東大谷講中惣代を務めていました。その日記が残されているのですが、未刊で、中野卓『商家同族団の研究』に部分的に引用されていますので、それに拠りました。

大和屋忠八は、手次寺の門徒惣代を務めるような門徒でありながら、「ええじゃないか」への対応は門徒らしからぬ様相を見せます。十月二十九日に大和屋へ石山寺大黒天開運御守が降ったので、「家内大悦」して神棚を構えました。翌日晦日には店をかたずけ、踊りの衆を土足で上げ、町内中を招いて大振舞いをいたします。十一月一日から三日まで祝いが続き、一段落して十六日にはさらに天照大神本宮御札が降って「皆々感泣」し、また祝い酒となります。ところが十八日には踊りの衆が「存外乱坊」をいたし、これについて二十日には東町の借家中が「彼是申」してきて、これによってでしょうか、二十二日には東上町衆として四条あたりまで練り歩く大踊りが催されました。これ以上の詳細は不明ですが、御札降りの祝い振舞いに不満を持った町内の人びとが大和屋へクレームをつけたのでしょう、大和屋はこれに対応して大踊りを催さざるを得なかったと思われます。忠八は大商人であり町内を仕切る立場にありましたので、町内の人びとが御札降りを世直しと見做して狂喜するのに応対せねばならない立場にあったのです。御札降りに批判的であれば、打ち毀しをかけられるかもしれないのです。こうした立場が真宗信仰を表に出さない対応になったのではないかと思います。つまり、真宗信仰は個別的な位置にあり、町共同体の祭礼としての御札降りに敵対することができなかったことを意味しています。共同体の宗教が普遍なら、真宗は特殊、他者にならざるを得ません。そこでは他者性は隠蔽されねばならないのです。

もう一人は近江の真宗門徒です。湖西の本堅田の本福寺門徒で、貸舟業を営み、年寄役を務めた錦織五兵衛という人物で、『歳番日記』という日記を残しています。近江でも御札降りが始まり、十一月二日には大津の木村家から皇大神宮御札の祝いに招かれ、五日には京都の分家から踊りに招待されるなど、御札降りと踊りにつき合わされます。七日に本福寺で御講があり、そこで御札降りのことが話題となり、「全く天狗故」といわれたと記しています。人びとが、何だか怪しげな事柄だと噂しあったということです。

やがて二十五日には五兵衛や近所の家にも太神宮の御札が降りました。なかには南無阿弥陀仏の名号が降った家もありました。「月番方へ相届、厳重に荘厳致し候」と、町役人へ届が出され、家で祀られたのです。堅田の町共同体として御札降りに対処しているのです。その上で家ごとにしめ縄を張ったりしたのですが、二十六日の記事には「当家斗り、右の笹注連等を飾らず候」とあって、五兵衛家は異なる対応をしています。御札を祀ることに積極的でないのです。十二月に入りますと、仏光寺門主から、御札降りの狂乱を「歎ケ敷次第」、「伝来不定の神仏安置の儀は従来公法の御制禁」との達しがありました。これを全文写しております。五兵衛はこの達しを歓迎したのでしょう。大和屋忠八と同様に、町共同体が御札降りを祝うなかで、それに否定的に関わることの困難さを示していると思います。

先章で見ました尾張浮野村の真宗門徒原稲城の『心ニ掟置言葉』にも御札降りへの対応がありました。稲城は当初は御札降りのご利益に預かりたいという心を持ったのですが、それは仏智を疑うことと反省し、御札が降ると念仏勤行をいたします。やがて夢のお告げに神仏一体と示されて、神明祀るにあらずと気づいて歓喜するのです。御札降りが、結果的には信心の確かめ、往生の確信へと導いていきます。

御札降りに対して真宗門徒もさまざまな対応をなしたのですが、その門徒自身の属する共同体とそこでの位置に左右されました。しかし、無条件で受容できない心情において共通していたように思います。共同体から、信心に反する営為を強要されてくるとき、多くはそれは暗黙裏になされるのですが、門徒たちはそれを信心外のことと受け止めたのではないでしょうか。強要してくるのは王法といわれる世間です。そこで門徒たちは王法為本という教義に従い、表面的には王法、世間、共同体を受け入れますが、一方の信心内心を堅く守り通したのです。世間の相対化、これが真宗門徒が他者とされる最大の根拠なのです。

史料

『見聞日録』

佐藤誠朗『近江商人　幕末・維新見聞録』三省堂、一九九〇

『浮世のありさま二御蔭耳目一』

『日本思想大系民衆運動の思想』岩波書店、一九六〇

『高木在中日記』

『幕末維新京都町人日記』清文堂史料叢書、一九八九

『大和屋忠八五世日誌』

中野卓『商家同族団の研究』未来社、一九八一

『歳番日記』

『日本都市生活史料集成第七巻』学習研究社、一九七六

研究

佐藤誠朗『幕末維新の民衆世界』岩波新書、一九九四

結び　江戸の他者ということと現代

江戸の他者としての真宗門徒の生と死を考えてきました。その観点から全体を整理しなおしてみます。

真宗や真宗門徒は何から他者とされたのでしょうか。

後半の三章で取り上げた真宗門徒の一茶・稲城・元蔵は、信濃・尾張・近江という真宗地帯の村に生まれました。その限りで真宗は他者ではなく、幼時から馴染んだ信心でした。しかし、そこから一旦出たときに、その場では真宗は他者であることに気づき、再び回帰することで真宗を生きることになった、このような共通性を持っています。その意味でこの三人は、〈ふるさと〉を離れることで、村に住みついた真宗に回帰したといえます。生きる意味を与えてくれる場トポスから離れて、異邦人ノマドとなり、トポスへ回帰したのです。

一茶は、村を離れて江戸へ出て俳諧で身を立て、故郷の村に帰って、真宗を生きた、江戸という都市と俳諧という文芸から他者とされた真宗に回帰して、真宗を文芸として表現することに成功しました。稲城は村を出て生活することはありませんでしたが、国学を学び、通俗道徳で身を立てようとし、挫折することで、無意識ながら真宗に覚醒し、真宗門徒として生きることになったのです。さらに御札降り、ええじゃないか騒動という民俗との出会いで真宗への回帰を確かなものとしました。通俗道徳や民俗は真宗の他者でした。元蔵も、村の真宗を受け継ぎながら、都市共同体の住民として都市の神仏という民俗や御札降り・ええじゃないか騒動との葛藤を生きることになりました。村の真宗が都市・民俗から他者とされたのです。つまり、江戸社会における真宗は、都市・民俗・文芸・学問・道徳との関係で他者だったのです。都市―村（真宗）、民俗―生活と信心（真宗）、文芸・学問・道徳―宗教（真宗）という対抗関係において真宗は他者でした。

彼らが他者真宗へ回帰したのは、母胎としての村トポスに土着した真宗によっています。彼らは、特別に真宗を学んだわけではありません。村で少年時代を過ごしたことで、棲みついた、土着した真宗がまとわりつき、次第に真宗に向かわせていく、驚嘆すべき力を真宗の母胎としての村に見ることができます。

前半三章の四人は、村との関わりよりは、権力による受難、殉教ということで、後半の三人とは異なっています。慶念は、本願寺の僧として研鑽を積んだ人物で、従軍を強制されたなかで信心を深め、任誓も本願寺で学んだといわれますが、講や説法を通じて信心を確かめ、その活動をとがめられて獄死しました。千代は、禁制下にあって、女人済度の教えを意識的に求め、真宗に至って処刑されました。この三人も、後半の三人と同じく日常生活のなかで真宗を生きたには違いないのですが、慶念は強制従軍、任誓は藩による拘束、お千代も藩からの弾圧という権力との関わりのなかで、真宗の信心を明確にしました。

藩という権力は、人間を領民として囲い込む、つまり〈限る〉ことで成り立つ存在です。人間を国民として〈限る〉ことで国家がその典型です。真宗門徒は〈限る〉権力、国家によって他者とされたのです。それに対して真宗門徒が提示したのが、千代や伝助が述べた「賜りたる信心」ではないでしょうか。如来から回向された信心は、十方衆生・一切衆生に差し向けられますから〈限る〉ことのない〈限られない〉信心で、国家を超えるという宣言なのです。国家を超えた超越者としての弥陀から回向された信心、その信心は国家社会に属するものではないというのです。

千代の物語で、切られた「首八尺ばかり空中にとどまり念仏」したので、見物の人びとが「異口同音に念仏」したと語られました。〈限る〉権力によって排除された真宗が、排除されたことによって他者性、超越性を明確にし、誇示し、かえってそこに連なる人びとを生み出すことになったのです。慶念や任誓の信心も、如来から賜りたる信心でした。そこから任誓のように、「帝王さへ信心取らねば地獄」という言葉が生まれます。娑婆の権威である帝王すら超える超越性、それへの確信が語られます。慶念が、戦場をあさましの場と見做し、従軍しながら厭戦・非戦を貫き、ただ報謝の念仏のみを生きたのは、国家への従属を内面的に拒否したこと、〈限る〉ことで従軍させられても、〈限る〉を超えて〈限らない〉世界を生きました。

江戸の真宗は、都市・民俗・学問・道徳・文芸・国家から他者とされました。それらは、人間を選別して〈限る〉もの、排除するものです。

都市は、その住民を大地から切り離された町人として〈限る〉ことで、大地に生きる百姓と区別します。人びとの日常生活たる民俗は、それを生きる常民を〈限る〉ことで、門松も立てない真宗門徒を異邦人と見做します。道徳はその実践者を勝者として〈限る〉ことで、信心を本とする真宗門徒を敗者とします。文芸を教養とする知識人は、一文不知の真宗門徒を〈限る〉ことになります。国家は人間を国民・領民として〈限る〉ことで、十方衆生という真宗門徒を王法外の住民と見做すのです。真宗は〈限ることがない〉、排除しないもの、一切衆生・十方衆生、あるいは御同行・御同朋と表明して対向しているのです。

それにもかかわらず他者真宗は、〈限る〉世界に土着し、棲みつき、住民を捉えて離さないのです。人びとに棲みつくことで、真宗は他者でありながら人びとの自身となって人びとの内部を構成します。そこで〈限る〉他者が、真宗門徒を戦場に駆り出し、禁圧し、死罪に処し、都市・民俗・通俗道徳で包囲しますが、そのことが、かえってそれらの他者性を明らかにする結果となったのです。

江戸の真宗の他者性は村が母胎となりました。いいかえれば共同体が母胎となっているということ、人と人との関係が共同性において構成されている場であること、それが真宗の基盤となったのです。真宗門徒が信心を生きるとき、その場は、蠅までもが人を刺す故郷であり、一方では、「いざいなん」、と往生を促す真宗となります。故郷を離れて都市に住すれば、そこには町衆の都市共同体があって、さまざまな神仏との関わりを受け入れざるを得ないのですが、ええじゃないか騒動のような情況においては、故郷の真宗が発動して、受容を拒む心情を生み出します。ノマドになっていてもトポスとしての真宗が保たれているのです。

村が崩壊した現代は、共同体を失った都市世界です。かつては都市にも町衆のような都市共同体がありましたが、いまや望むべくもありません。この世界では、グルメとイベントという祭りに人びとが捕捉されている情況があります。ええじゃないか騒動に匹敵するような、真宗への敵対情況なのですが、それに対抗するようなトポスを人びとは既に失っています。真宗も姿が見えなくなりました。それなら、現代において真宗に何の意味があるのか、という問題となります。トポスを失いノマドとなった現代人に真宗は、という問いです。

近代の到来は、個の自立とともにいわれます。家・村という共同体からの自立です。生まれながらの、与えられた、選ぶことのできない共同体（ゲマインシャフト）としての家・村からの脱却でした。そこに自立しようとする個とは何か、「自己とは何ぞや」という問いが出現し、「絶対無限の妙用に乗託して、任運に法爾に此境遇に落在せるもの即ち是なり」（清沢満之）と答えられました。この言葉が、個の自立、独立者と出現と理解されてきました。しかし、現実には、家・村から自立した人びとである都会人・知識人は、基盤を失い、あらたな関係を構築し得ずに、孤立に結果しました。そして、自立者が結ぶと想定された共同体（ゲゼルシャフト）である都市や国家に、ばらばらの個として包み込まれ、ノマドとなり、市民・国民として編成されました。それと同時に、真宗は土着性を失い、都市と国家に包み込まれました。土着の母胎を失ったことで、そこに培われた超越性を失い、本来〈限る〉ものであった都市や国家が疑似超越でしかないことを見破る力を失ったのです。

江戸の真宗を考えることで、このような事柄が見えてきました。それなら、土着すべき母胎を再建すればいいのか、というのは、いまや絵に書いた餅でしかありません。基盤となっていた故郷の共同体を失ったからには、真宗の出番はもはやないことになりそうです。しかし、故郷喪失はかえって故郷希求を呼び起こします。人と人とのつながりの回復がいま、求められているのがそれです。対人関係を構築できずに、引き籠ってしまうオタクというのがそれです。そのようなバラバラにされた孤立者は、故郷喪失者であり、実のところ逆に、強烈に他者を求めている故郷希求者なのです。

そうした時代社会に大震災が起こり、原発が大事故を起こしました。人びとが生きる意味を紡ぎ出してきた場としての地域共同体が、根こそぎ失われたのです。災害は時代社会の持っている問題性を暴き出したのです。災害救済、援助、復興は、その根本が人が生きる意味を紡ぎ出す場の再建であると認識され始めました。ボランティア活動が活発になると、単なる労働力の提供ではなく、人びとに寄り添うことの重要性が認識されました。寄り添うこと、人としてつながり合うこと、それが絆という言葉で語られるようになりました。生死愛欲の絆といわれるように、絆は人と人が生死苦楽を共にすることであり、まさにトポスを意味しています。

江戸真宗での原稲城が想起されます。「人に情けも懸けずして世渡りの詮なし」といい、「わが身悪しき者とのみ思いつめて、その中に慈悲も情けも籠り有ものなり」と語りました。人と人のつながりに生きる意味を求めながら、悪しき者の自覚が無かったと思い至ったところから、人と人とのつながりが、仏の慈悲として開かれてくる、というのです。災害に苦しむ人々を見聞きし、かわいそうにと口にしながら、実は他人事としか思っていないのが私です。それを自己の罪悪性と見つめたときに、慈悲の心が、災害に苦しむ人びとから私に差し向けられたと気づくのです。こうして稲城は人びとと生きる故郷の再興に向かいました。

かわいそうと思いやる心は、元から私にあったのではなく、災害に苦しむ人びとからもたらされたものでした。こう気づいたとき、慚愧するしかなく、そこから他者に寄り添うことができたのです。被災者によって私が救われているのです。そうであれば、義援金を送り、ボランティアになるのも、報謝として寄り添うことになります。『歎異抄』四条、聖道の末通らない慈悲が大慈悲心に転ずるというのも、このような視点から見られねばならないと思います。

先に挙げました清沢満之の言葉を、「他者に基点をもつ自己」を意味すると解釈します。自己が他者によって成り立っているなら、そこからこそ〈限る〉ことのないものとしての真宗が、意味を持って蘇るのではないでしょうか。いま真宗は、失われた故郷の再建という使命を与えられてある、と考えます。私の救いは、それと共にあるのでしょう。一切衆生が救われたときに、仏は仏になり、私も救われるのです。

あとがき

本書に収めた6章は、大谷大学紫明講座で「人のなす罪より低し雲の峰―江戸真宗の生と死―」と題して、二〇〇九年一〇月から六回にわたって講義したものが元になっている。二〇一五年に、講義ノートを原稿化して出版を考えたが、他の出版企画を優先して先送りしたままに放置されていた。八十路を越え、体も頭もおぼつかなくなり、体内を悪性の他者が跋扈するという情況が到来した。その頃になって、放置したままの江戸真宗門徒の生と死の原稿が気になって来た。急遽思い立って、原稿を取り出し、再検討を試み、やはり世に出したいと決断し、旧友ともいうべき方丈堂出版編集長の上別府茂氏に出版を打診した。幸いにして快諾を得ることができて、ここに陽の目を見ることになった。深々の謝意を表したい。

親鸞聖人の開かれた真宗という教え、それが親鸞聖人の門徒にどのように受け止められたのか。大谷大学という宗門の学場に身を置きながら、一方では末寺の住職でもあったから、この問題は何時も頭を離れない課題としてあった。門徒の信心は習俗化されていて、親鸞聖人の信心と異なる、低俗である、このように誰も明言はしないが、暗黙にそのように了解されてきた。開創者聖人の信心を真実に受け止めたと自負する真宗学研究が、大谷大学を中心にあふれかえった。それは信仰告白のモノローグである。他者である門徒大衆の信心は問題にするに値するものではなかった。

思うに、開創者の信心は獲得までの独自の過程を持っているが、それが欠落しているのが継承者・受容者であり、従ってその信心は開創者と質的に差異が生ずるのは当然の事だろう。道を切り開いた人の信心、それによって、すでに道ありだから、その道をたどる者の信心は、目的地は同じにしても、その歩みが異なるのは当然だろう。

ただ信心をもって要とす、と、受容者は信ずるのみとされたこと自体が差異である。開創者は信心を獲得したが、受容者は頂くのである。開創者は四六時中ひたすら信心獲得にのみ邁進するが、受容者は日常生活を営む中で信心を頂くのである。差異が生まれないほうがおかしい。そのことを意識化せずに、ひたすらに開創者の到達点に至ろうと努めることは、自己を聖道自力化していることに他ならない。到達点としての信心をいかに頂くかが問題のはずであるが、そうはなっていない。

門徒大衆の信心は顧みられることがなかった、それを明らかにしてみたい、これが私の研究の底流にあった。折々に、機縁にあって史料を見出し、研究し、論文として発表してきた。思想史学という場を舞台にしていたから、真宗学を核とする教団教学者の目にふれることは少なく、一般の歴史学界からは、近世江戸世界の真宗などは視野に入ることもなかったから、反応といえるようなものは目につくこともなかった。私の思いを一般読書界に提供したかったのである。ごまめの歯ぎしりだろうか。何らかの応答があれば、それに過ぎたる幸せはない。

三代目の元号初年九月一四日

古い椅子と体をギシギシさせながら

〈著者略歴〉

大桑　斉（おおくわ　ひとし）
1937（昭和12）年石川県金沢市生まれ。60年金沢大学法文学部史学科国史学専攻卒業、大谷大学大学院修士課程仏教文化専攻入学。67年大谷大学大学院博士課程仏教文化専攻満期退学、大谷大学文学部研究室嘱託。69年大谷大学文学部助手。74年同専任講師。79年同助教授。84年同教授。2003（平成15）年同退職、名誉教授。
編著は、『寺檀の思想』（教育社歴史新書、1979年）、『日本近世の思想と宗教』（法蔵館、89年）、『シンポジウム〈徳川イデオロギー〉』（編、ぺりかん社、96年）、『蓮如上人遺徳記読解』（東本願寺出版部、2002年）、『戦国期宗教思想史と蓮如』（法蔵館、06年）、『羅山・貞徳『儒仏問答』注解と研究』（共編、ぺりかん社、07年）、『近世仏教治国論の史料と研究』（清文堂、同年）、『真宗と他者―なぜ人を殺してはいけないか』（法蔵館、10年）、『民衆仏教思想史論』（ぺりかん社、13年）、『近世の王権と仏教』（思文閣出版、15年）、その他16冊。

江戸《えど》真宗門徒《しんしゅうもんと》の生《せい》と死《し》

二〇一九年一二月二〇日　初版第一刷発行

著　者　大桑　斉
発行者　光本　稔
発　行　株式会社　方丈堂出版
京都市伏見区日野不動講町三八―二五
郵便番号　六〇一―一四二二
電話　〇七五―五七二―七五〇八
発　売　株式会社　オクターブ
京都市左京区一乗寺松原町三一―二
郵便番号　六〇六―八一五六
電話　〇七五―七〇八―七一六八

印刷・製本　亜細亜印刷株式会社

ISBN978-4-89231-215-1